楊貴妃

大唐帝国の栄華と滅亡

村山吉廣

講談社学術文庫

はじめに

史書の記載は簡略なものだから、楊貴妃《ようきひ》一生の伝をつづるには十分ではない。この空白を埋めてくれるものは伝承であるが、伝承はあくまでも伝承であって史実そのものではない。近松門左衛門は芸術の真実は事実と虚構との中間にありと唱えたが、私のこの書も虚実皮膜の間に楊貴妃の実像を求めたものである。

玄宗《げんそう》に政治を怠らせ安禄山の大乱を引き起したから、楊貴妃は一部では「妖姫」のように思われてもいるが、その生涯には「悪逆」と評すべき行跡はない。小説『楊貴妃』を書くつもりでいた魯迅も楊貴妃に同情的で、「楊貴妃は悪女ではない。悪いのは男のほうだ」と言っている。私は決してフェミニストではないが、私の楊貴妃はむしろ「可愛い女」として現われている。

しかし楊貴妃が悪女であろうと可愛い女であろうとどうでもよいことで、私の執筆の動機は「時代とともに楊貴妃を描く」ことにある。

紀元七世紀に世界帝国をつくりあげた唐朝の栄華、大都長安にくりひろげられた玄宗と楊貴妃の絢爛たる生活、安史の乱によって一挙に暗転してしまった社会、その底に流れていたものは何か。私は読者が歴史に即しながら心ゆくまで楊貴妃物語の世界に逍遥して下さることを期待している。

この書では煩をいとわず、節目節目で原資料を読者に提示している。これはなるべくリアルタイムで話の筋に参入してもらうためである。それらは、きれいな訓読文にし、難字にはルビをふり、語釈もつけ、口語訳も施してある。ああこんな話はこういう資料に基づいて言われているのかと、納得していただける個所があれば幸いである。

目次

楊貴妃像掛け軸（著者所蔵）

楊貴妃

第一章　玄宗とその時代

玄宗登場

　唐王朝の基を定めた太宗李世民《たいそうりせいみん》が六四九年（貞観二三）に亡くなると、高宗《こうそう》が即位した。第三代の皇帝である。当時二二歳であった。長孫無忌《ちょうそんむき》と褚遂良《ちょすいりょう》が補導に当った。ともに唐初の功臣である。長孫無忌は北魏の名族の出身で、高宗の生母の兄にも当る。褚遂良は能書家として後世に名高い。

　高宗の治世はこのふたりを軸とする貴族官僚による政治の行なわれた時代である。長安のほか洛陽を東都と定め、幣制を改め、外に向っては百済《くだら》を滅ぼし高句麗《こうくり》を伐《う》ち、平壌《へいじょう》を占領して、この地に安東都護府を置くなど武功を立てている。

　しかし高宗はやがて長孫無忌らの反対を押し切って皇后王氏をその地位から斥け、代って武氏《ぶし》を立てた。これが武后《ぶこう》である。これは高宗が外戚の長孫無忌らの勢力を嫌い、反長孫無忌派の官僚や門閥的背景のない新官僚と結んで行なったことである。高宗の側についた官僚には李勣《りせき》や許敬宗《きょけいそう》らがいたが、彼らは事を構えて、長孫無忌や褚遂良一派をことごとく左遷した。

けれども高宗はまもなく風疾《ふうしつ》（中風）の病にかかり、みずから政治を行なうことができなくなった。武后はこれに乗じて高宗に代って政治の衝にあたり、高宗の意志を無視して独裁権力を行使するに至った。

武后は名を照といい、父は山西省の大材木商で唐朝創業に貢献した武士《ぶし》彠《かく》であった。美貌のほまれ高く、もと太宗の後宮に侍《はべ》っていたが、太宗没後に尼となっていたのを高宗に見出された女性であった。皇后となってからは、ふつう則天武《そくてんぶ》后《こう》とよばれていた。

玄宗像

六八三年（弘道元）に高宗が世を去ると、自分の子の中宗《ちゅうそう》や睿宗《えいそう》をつぎつぎに位につけたが、六九〇年（天授元）にはみずから皇帝と称し、国号も「周」と改めた。

彼女は以後一五年間君臨したが、中国史上唯一の女帝であった。隠密を使って情報を集め、唐の宗室や貴族数百人に弾圧を加えて殺したほか、武氏一族の者へも容赦のない迫害を行なった。一方、狄仁傑《てきじんけつ》や魏元《ぎげん》などを登用して政治を活性化することにも力を入れた。

文化面では「則天文字」とよばれる新字を考案して世に行なわせている。女性ではあるが、夫を抑えて権力を握り、稀代の女傑ぶりを発揮した。

しかしその権力の奪取と維持の背景には、唐王朝初期における貴族・官僚間の対立があり、唐王室の権力基礎のもろさが露呈している。

七〇五年（神竜元）正月の張柬之《ちょうかんし》らのクーデターで、老衰の則天武后が退位させられると、武后の子である中宗の顕が位についた。唐王朝の復活である。中宗は一度位につきながら母の武后によって五〇日余りで王座からおろされていたから、このたびは「復位」である。この間、不安になやまされながら不自由な生活を送っていたのであるが、もともと暗愚であった。

中宗の復位とともに、かつての皇后韋氏《いし》もふたたび皇后となった。彼女は夫の中宗とちがい、野心家で行動力があった。夫をはがゆく思っていたためでもあろうが、政治につぎつぎに干渉していった。夫が無能なだけに、政治はむしろ韋后《いこう》を中心として行なわれるようになった。

かくして世は則天武后再来の観を呈することとなった。韋后は男性関係でも夫にあきたらなかったらしく、私行上で夫をいらいらさせるものがあった。暗愚の夫もさすがにこれには文句を言ったらしいが、こうなると、かえって韋后の態度を硬化させる結果となる。韋后は

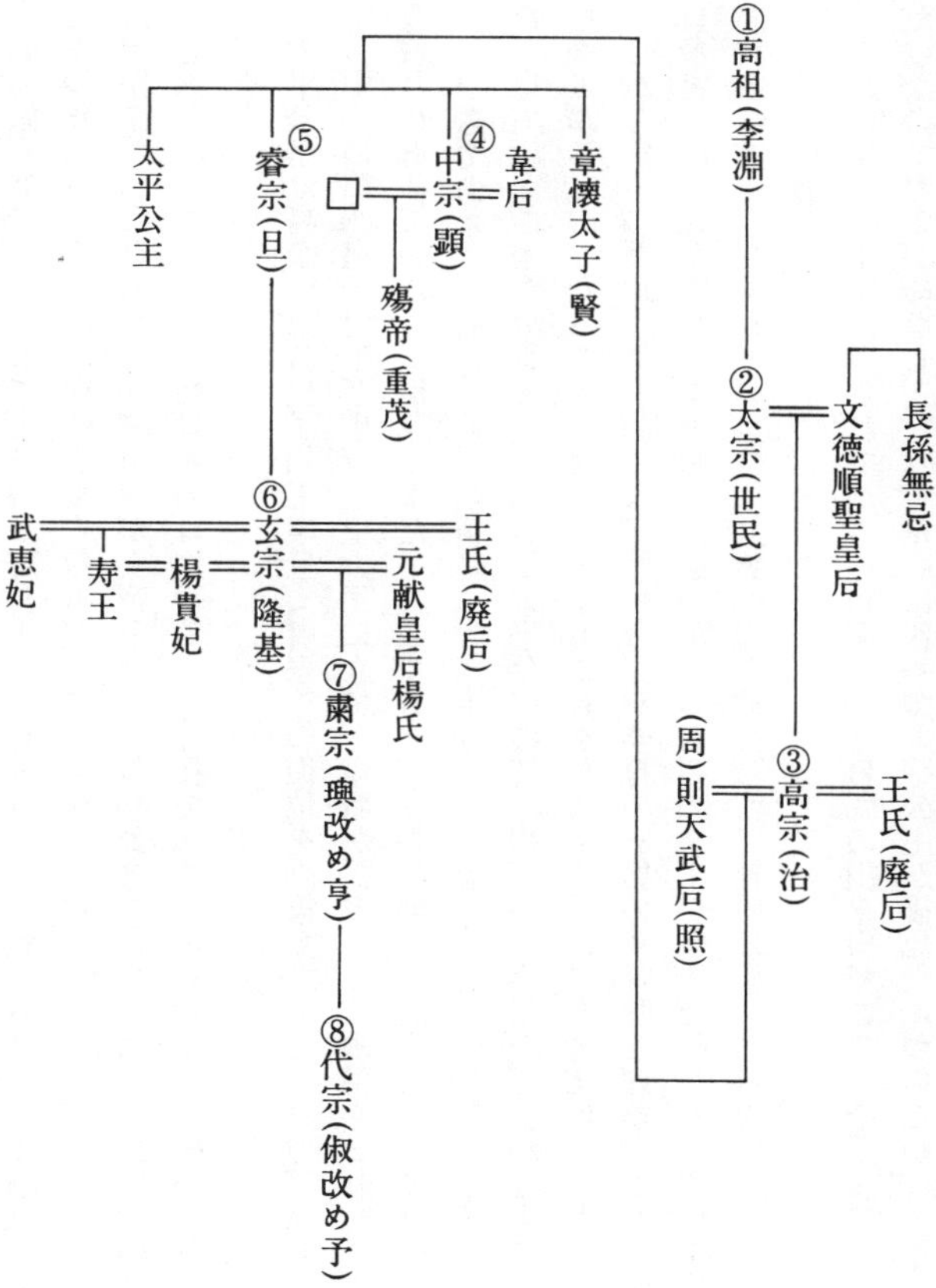
①高祖(李淵)
長孫無忌
文徳順聖皇后
②太宗(世民)
王氏(廃后)
③高宗(治)
(周)則天武后(照)
章懐太子(賢)
韋后
④中宗(顕)
□
殤帝(重茂)
⑤睿宗(旦)
太平公主
王氏(廃后)
元献皇后楊氏
⑥玄宗(隆基)
楊貴妃
寿王
武恵妃
⑦粛宗(璵改め亨)
⑧代宗(俶改め予)

唐王朝系図

未婚の娘安楽公主《あんらく》（皇女）と共謀して、中宗に毒入りの餅を食べさせた。中宗はあえなく世を去った。時に五五歳、復位して六年も経っていなかった。

中宗を殺した韋后はやがて自分が女帝となり、安楽公主を皇太女にして長期政権を樹立する思惑があった。これを妨げるのは太平公主の存在である。彼女は中宗の妹であり、宮廷で勢力をもっていた。

太平公主は高宗の第八皇子相王《そう》李旦《りたん》（睿宗）の復位を画策していた。一方、韋后と安楽公主は中宗の第四皇子温王李重茂《りちょうも》を皇太子に立て、韋后が摂政として政治をとりしきるという段取りを進めていた。李重茂はまだ一四歳であり、韋后の則天武后化にとっては好都合であったからである。まもなく韋后の思惑通り李重茂が位につき、韋后を尊んで皇太后と称した。皇太后となったけれども、韋后は太平公主の持ち駒である李旦の存在が将来自分の計画をゆさぶるものとなることを恐れ、早くもこれを殺害する手だてを考えはじめた。

しかし宮中の反韋后勢力側では、太平公主が李旦の三男の李隆基《りりゅうき》と連絡をとりながら、李旦殺害の前に先手を打って韋后一派追い落しのためのクーデターを起した。若い李隆基は近衛兵を味方に引き入れ、いっきに武装蜂起を敢行した。韋后は衛兵に首を斬られ、安楽公主も化粧中を襲われて鏡の前で相果てた。

これはすべて中宗が殺されてから、わずか一九日間の出来事である。李重茂はかつがれただけなのでおとがめなしとなり、韋后に代って太平公主が後見役についたが、すぐに位を李旦にゆずるという形で表舞台から消えた。一四歳の少年重茂には、周囲の大人たちの黒い陰謀に利用されるだけの役目しか与えられなかった。形式上、帝位についたので「殤帝《しょうてい》」という名が残っているが、唐王朝の帝王系図には入っていない。

李旦すなわち睿宗をかついだのは妹の太平公主であり、彼女にははじめからこのおとなしい兄をロボット化して、自分が武后や韋后のように権勢をほしいままにしたいという夢があった。睿宗も性《たち》の悪い妹に見込まれてしまった悲劇の人である。しかし睿宗には豪邁《ごうまい》な息子の李隆基がいた。クーデターの実行者として、その存在感は大きい。

睿宗は決して暗愚の人ではなかった。ただ世事には淡白で、政界の荒波を乗り切る強さはもっていなかった。

即位と同時に体験しなければならなかったのは、妹の太平公主と息子の李隆基との対立抗争の生み出す緊張であった。クーデター・暗殺・クーデター・暗殺という修羅場のくりかえしを見てきた睿宗は、早期退位の意志を固めていた。決断を下したのは七一二年（太極元《たいきょく》）の七月、即位した翌々年のことである。もちろん、太平公主は猛烈に反対したが、睿宗は自分の意志を通した。八月、李隆基が即位した。年号は先天《せんてん》と改められた。新皇帝は二八歳、青年皇帝玄宗《げんそう》はかくして登場した。

玄宗は唐六代目の皇帝で、諱《いみな》は隆基。睿宗の第三子。母は竇《とう》氏。則天武后の六八五年（垂《すい》拱《きょう》元）に東都洛陽に生まれた。性格は豪邁と称されたが、多能多芸で、音律・暦象の学に通ずる一方、騎射を得意とした。

はじめ楚王《そおう》に封ぜられ、ついで臨淄王《りんし》となった。このころは下積みの時代である。やがて太平公主とのクーデターによって父睿宗を位につけたのちは平王に封ぜられ、ようやく皇太子位についた。

皇帝となって手はじめにしなければならなかったのは、太平公主およびそれに連なる宮廷官僚一派の打倒であった。位について一年もたたぬうちに、早くも玄宗のもとには太平公主側からの追放の陰謀が伝わってきた。太平公主は宰相竇懐貞《とうかいてい》らとはかり、七一三年（先天二）七月四日を期して立ち上がることになっていた。玄宗は裏をかいて、その一日前の七月三日に逆に兵三百余を率いて宮中に攻め入り、太平公主一味の官僚を逮捕し斬殺した。太平公主は宮中を脱出したが、まもなく発見されて死罪となった。

武・韋両后による〝女禍《じょか》〟とその余波ともいうべき太平公主の策動は、こうして断たれることになった。久しく暗雲におおわれていた唐朝の運命にも、ふたたび明るさが戻った。そこで玄宗は先天の年号をその年の一二月のうちに「開元」と改めた。この年号は三〇年続き、七四二年に「天宝」と改められたが、これも玄宗の退位まで一五年続いた。世に唐王朝の盛世を「開元の治《ち》」といい、玄宗の時代を「開元・天宝の御代《みよ》」と称するのは、このためである。

玄宗がつぎつぎとクーデターに成功したのは、「羽林軍《うりん》」とよばれる近衛兵を早くから味方に引き入れていたことが大きい。これは、のちにこの兵士たちがその功を誇り、長安市中に横行する原因にもなっている。しかし軍事力だけでは政権はとれない。唐王朝は創業以来、政治制度の確立に努めてきたが、まだ不十分であった。積み残された政治課題が山積していた。豪邁な青年皇帝の出現は、そうした政治改革の必要を痛感する貴族官僚たちの支持と期待とがあってのことである。

玄宗はさっそく姚崇《ようすう》や宋璟《そうえい》などの有能な大臣を重用して、まず官制改革に着手した。七一三年（開元元）には官名を改めて気分の一新をはかり、その翌年には奢侈《しゃし》禁止令を発布した。地方制度の改革も懸案であったが、七三三年（開元二一）には従来の一〇道を改めて一五道とした。

これと併行して、当時崩れつつあった「府兵制」を刷新して「募兵制」を断行し、流民や逃戸《とうこ》など人口調査からもれている人民を引き戻すための策を採用した。また辺要の地には一〇節度使《せつどし》を置いて域外に圧力を加えたので、国威はおおいに伸長した。

「人材登用」と「富国強兵」とをかかげた玄宗の施策はしだいに功を収め、国初の太宗の「貞観の治《じょうがんのち》」と並び称される「開元の治」の名が生まれることとなった。玄宗を助けた名臣には姚崇、宋璟らのほか張説《ちょうえつ》、韓休《かんきゅう》、張九齢《ちょうきゅうれい》らがいる。天も幸いして連年の豊作に加え、さしたる外患もなかったので、社会も人心も安定し、太平の気分が上下にみなぎった。

『旧唐書《くとうじょ》』玄宗紀の開元二八年（七四〇）の条には、

ソノ時、シキリニ歳《とし》豊年ニシテ、京師《けいし》、米斛《こめこく》二百ニ満タズ。天下乂安《がいあん》、万里ヲ行クトイエドモ兵刃《へいじん》ヲ持タズ。

と記されている。「乂安」は「太平であること」、「兵刃」は武器・刀。どこへでも素手で安心して行けたということである。

人々もこの盛運をよろこび、都の長安の市中は大衆でにぎわい、日々が祭りであるかのような観を呈していた。玄宗の誕生日の八月五日は上下こぞっての祝い事の日となった。この日は、はじめは「千秋節」といった。「千秋万歳」の意で、天子の長寿をことほぐものであるが、のちには「天長地久」（天は長く、地は久し）の句に基づき「天長節」とよぶようになった。宮中で百官に宴を賜うとともに、世間一般にも宴楽させることにしたので、都には一日中喜色が満ちていた。

年中行事も盛んに行なわれた。宮中ではことに正月の祝宴に三〇〇里内外の楽人を集めて技を競わせた。民間でも正月一五日の元宵節《げんしょうせつ》には、家ごとに彩灯を飾って夜もすがら踊り狂うのを常としたとされる。

対外関係も好調であった。長年唐王朝を苦しめていた突厥《とっけつ》では黙啜可汗《もくてつかかん》が部下に殺され、その首が長安に送られてきた。契丹《きったん》の族長李失活《りしっかつ》と奚《けい》の族長李太輔《りたいほ》が投降してきて、それぞれ王に封ぜられた。かくしてしばらく失われていた営州《えいしゅう》（遼寧省朝陽県《ちょうよう》）の土地が中国に戻ってきた。日本からの遣唐使も、すぐれた人材をよりすぐって何回かおとずれている。山《やまの》

政治にはげむ玄宗（『帝鑑図説』）

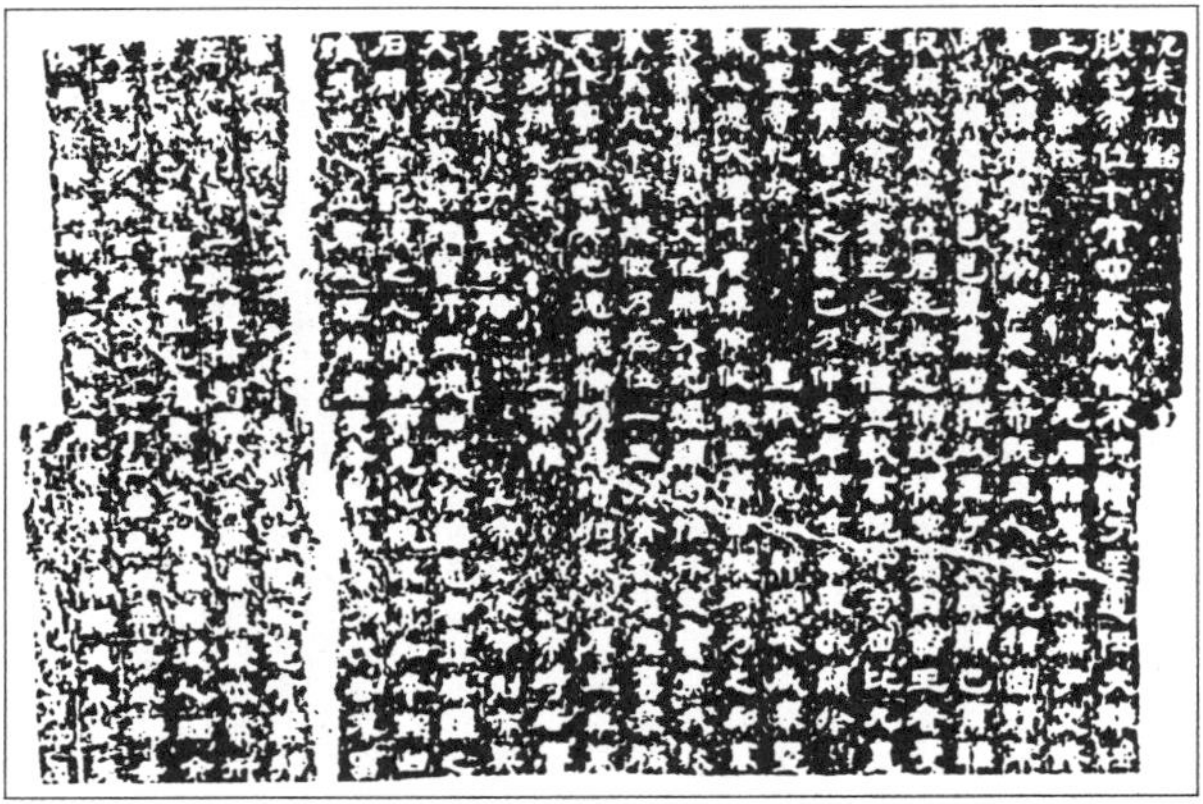

「紀泰山銘」拓本

上憶良《うえのおくら》、阿倍仲麻呂、玄昉《げんぼう》、吉備真備《きびのまきび》などが彼地に渡ったのもこのころである。仲麻呂は玄宗に仕えて北海郡開国公となり、蜀に落ちのびた玄宗一行のなかにもいたのではないかと言われている。

七二五年（開元一三）には、玄宗は泰山《たいざん》で封禅《ほうぜん》の儀を行なった。これは祖父高宗以来の大祭であり、「治世の栄え」のあかしでもあった。「紀泰山銘」の碑文は泰山山頂の崖に彫られて現存する。文章もみずから作り、隷書の文字もみずから筆をとったものである。

「泰山封禅」のことは『旧唐書』玄宗紀、開元一三年の条に次のようにある。

冬十月辛酉《しんゆう》、東ノカタ泰山ヲ封ゼントシ東都ヨリ発ス。十一月己丑《きちゅう》、日、南ニ至ル。法ヲ備エテ山ニ登ル。仗衛《じょうえい》嶽下ニ羅列スルコト百余里。上《しよう》、宰臣、礼官ト山ニ昇ル。庚寅《こういん》、昊天《こうてん》・上帝ヲ上壇ニ祀ル。有司五帝・百神ヲ下壇ニ祀ル。礼畢《おわ》リテ玉冊《ぎよくさく》ヲ封祀壇ノ石磩《せつかん》ニ蔵《おさ》ム。然ル後ニ燔柴《はんさい》ス。燎発シテ群臣万歳ヲ称ス。伝呼シテ山頂ヨリ嶽下ニ至リ山谷ヲ震動ス。壬辰、帳殿ニ御シテ朝賀ヲ受ケ、天下ニ大赦シ、流人未ダ還ラザル者ヲ放還セシム。甲午、岱《たい》嶽ヲ発シテ丙申、孔子ノ宅ニ幸シ、親シク奠祭《てんさい》ヲ設《もう》ク。十二月己巳《きし》、東都ニ至ル。時ニ累歳豊稔《としみの》リ、東都ノ米ハ斗十銭、青、斉ノ米ハ斗五銭ナリ。

「玉冊」は「玉で作ったふだ」で天子の勅などを書くもの、「石磩」は石の篋《はこ》。「燔柴」は柴の上に玉帛《ぎよくはく》、牲体《せいたい》などを置き、これを燃して天を祭ること。「燎」はかがり火を焚くこと。これもやはり天を祭るもの。「岱嶽」は「泰山」と同じ。豊作つづきで四海波静かだったことがよく伝わってくる。

花は舞う長安の春

唐の王朝や時代を賛美して「大唐」「盛唐」という。「大いなる唐」「盛んなる唐」である。周辺諸国からもひとしく畏敬された大国家であったが、その繁栄の頂点に立ったのが玄宗の時代である。

「盛唐」という言葉には文学史上の区分としての名称の一面もある。文学史では、ふつう唐代を四分して初唐・盛唐・中唐・晩唐という。いわゆる「四唐」である。このうちの「盛唐」は、玄宗の開元のはじめから粛宗《しゆくそう》の次の代宗《だいそう》のはじめまで（七一三―七六六年）を指す。李白《りはく》、杜甫《とほ》、王維《おうい》、孟浩然《もうこうねん》、高適《こうせき》など名だたる詩人があらわれて、数々の作品を残して盛世を彩った。

　杜甫の「憶昔」（憶《おも》う昔《むかし》）と題する詩は冒頭で唐朝全盛の日をなつかしみ、次のように詠じている。

憶昔開元全盛日
小邑猶蔵万家室
稲米流脂粟米白
公私倉廩倶豊実
九州道路無豺虎
遠行不労吉日出
斉紈魯縞車班班
男耕女桑不相失
宮中聖人奏雲門
天下朋友皆膠漆

憶《おも》う昔《むかし》　開元全盛《かいげんぜんせい》の日
小邑《しようゆう》　猶《な》お蔵《ぞう》す万家《ばんか》の室《しつ》
稲米《とうべい》は脂《あぶら》を流《なが》し粟米《ぞくべい》は白く
公私《こうし》の倉廩《そうりん》　倶《とも》に豊実《ほうじつ》
九州の道路に豺虎《さいこ》なく
遠行《えんこう》にも労せず吉日《きちじつ》に出《い》ずるを
斉紈魯縞《せいがんろこう》　車《くるま》班班《はんぱん》
男耕女桑《だんこうじよそう》　相失《あいうしな》わず
宮中には聖人雲門《せいじんうんもん》を奏《そう》し
天下の朋友《ほうゆう》は皆膠漆《みなこうしつ》

「斉紈」は「斉の国の白い練絹《ねりぎぬ》」、「魯縞」は「魯の白絹」で、どちらも特産品である。「班班」は「数の多いこと」、「膠漆」は「にかわとうるし」で、どちらも粘着するもの。仲のよいことの形容である。大意は次のようである。

憶い起す昔、開元の全盛時代には、小さな町でも万戸の家があった。田地には米がよくできて、白く脂を流すようであり、公私の米倉にはみな穀物がいっぱいつまっていた。どこへ行く道にも盗賊などおらず、遠方へ出かけるのに、特に吉日をうらなう必要はなかった。斉魯の絹をつんだ車は都大路に続々やって来るし、男は耕作、女は養蚕、それぞれその時期をはずされることがなかった。宮中では天子の御前ですばらしい雲門の楽が奏せられ、天下の朋友はみなうるしやにかわのように親密であった。

この盛唐の栄えのシンボルは都の長安であった。詩人岑参《しんじん》の詩句に、

長安城中百万家　　長安城中百万の家

があり、戸数二〇万で、一戸あたり五人として、たしかに一〇〇万の人々が住んでいたという。これは一〇〇万都市として当時世界最大の人口を有すると同時に、東西南北各地からの外国人の来り住む者も多く、まさに「大唐の都」というにふさわしい国際都市であった。

玄宗皇帝と楊貴妃のロマンスがくりひろげられたのもここ長安においてであるが、宮廷人も一般の人民たちもどのような生活をして日を過していたのであろうか。

長安には朱雀大路（大街という）をはさんで「東の京」に「東市」があり、「西の京」に「西市」があった。ここは人々の集まる市場で、西洋の都市によくある marketplace がこれにあたる。この長安にはわが国の空海や円仁《えんにん》や遣唐使の一行も訪れている。彼らもまた東市や西市に立ち現われて、ここにむらがるさまざまな人の姿を眺めやったことであろう。

隋のあとをうけて唐が完成させた長安は東西九・七キロ、南北八・六キロという広大なもので、中国史上、最初の計画都市であった。中央北寄りに太極宮《たいきよくきゆう》を中心に宮城があり、その南に政庁である皇城が設けられていた。「天子南面」（臣下は北面）の伝統的考え方から、太極宮と皇城とは都市の中央の北に片寄り南に向って造られていた。太極宮の北の出口の門は「玄武門」である。太極宮の南の中心の出口にあるのが「承天門」、そこから直下して皇城の南への出口が「朱雀門」である。朱雀大街はここから始まり、南端の明徳門に至って城内はおわる。いうまでもなく中国では宮城・皇城を含め、市民の生活区域で城壁に囲まれた地域内を「城」という。城壁のなくなったいまでも、市内へ行くことを「到城内去」といい、市外を「外地」(wàidì) とよぶ。

天子の住居である太極宮は両儀殿を境として南側と北側とに分けられ、南側は天子が群臣と接見して政治を行なう所で「外廷」という。北側は天子とその家族の生活区で、いわゆる後宮であり、外廷に対して「内廷」とよぶ。

太極宮は隋の大興宮をそのまま用いたものであり、第二代の太宗李世民まではここで政治を行なった。いわゆる「貞観の治」ゆかりの宮殿である。しかし第三代の高宗は長安城外の東北の角に「大明宮《たいめいきゅう》」を造営し、以後ここが唐王朝の政治の中心となり、太極宮は朝廷の大典、あるいは即位・葬礼・婚礼などにのみ用いられた。大明宮は太極宮の東にあるので「東内《とうだい》」とよばれ、これに対し太極宮は「西内《せいだい》」（大内《だいだい》・北内《ほくだい》ともいう）とよばれた。

玄宗はまだ皇太子であったころ、大明宮の南で東の城門である春明門に接する隆慶坊という地区に邸宅を構えていた。即位の後もここが気に入り、新たに宮殿を築いてここで執務をつづけた。彼の名が隆基であるので隆慶坊は「隆」の字を避けて興慶坊と改められ、宮殿も「興慶宮《こうけいきゅう》」とよばれた。ここは他の二内より南にあるので「南内《なんだい》」といい、合せて三内とよばれる。宮殿の中心に大きな池があった。これが竜池である。池の南に竜堂があり、東北に「沈香亭《じんこうてい》」が建てられていた。これは熱帯産の香木「沈香木」で造られていたのでその名がある。亭のめぐりには牡丹園があった。池の西北には大同殿があり、玄宗の尊崇する老子の像が祀られていた。

池の西南には「勤政務本楼《きんせいむほんろう》」と「花萼相輝楼《かがくそうきろう》」（花萼楼ともいう）があった。「勤政務本」とは「政《せい》ニ勤《いそ》シミ本《もと》ニ務《つと》ム」意で、この楼は玄宗の政堂として使用された。ふつうには勤政楼という。「花萼相輝」は『詩経』「常棣《じょうてい》」の詩の「常棣《じょうてい》の華《はな》　鄂不《がくふ》韡韡《いい》たり」の句意から採った字句で、「花弁が鄂《がく》（萼に同じ）に集まって咲くように、兄弟が心を一つにして栄える」という意味をもっている。玄宗は友愛の精神に富み、兄弟の仲がよかった。この宮殿外側の安興・勝業の両坊に兄弟たちの邸があったので、相親しむ心をこめてこの楼に名付けたという。

この興慶宮こそは玄宗と楊貴妃の常の住居であり政庁であったが、ここから外郭城の東壁に沿って北は大明宮、南は遊楽の地である曲江や芙蓉園まで「夾城《きょうじょう》」が造られていた。これは皇帝専用の高架道であり、民衆には知られることなく往来することができるようになっていた。

三つの宮殿すなわち三内を除く全地域が東市・西市を含む市民の住宅地である。宮殿と皇城とがいわゆる内城であり、この住宅地が外城とよばれる地域となる。

外城は南北一三街、東西一〇街によって整然と碁盤の目のように区画されている。この一つ一つの街路に囲まれた四角形の部分が、「坊《ぼう》」とよばれる。いわゆる「まち」であり、英語の ward の概念に近い存在である。坊は左街と右街とにそれぞれ五五坊あり、大きいものは一キロ四方あった。町中のことを「坊間《ぼうかん》」といい、日本でも「世間で噂しているところによると」という時にやや古めかしく「坊間伝えられるところによれば」と言ってみたり、書誌学方面で民間の本屋の出版物を分類する時に「坊本」とか「坊刻」とか言ったりするのは、この坊の意から出たものである。

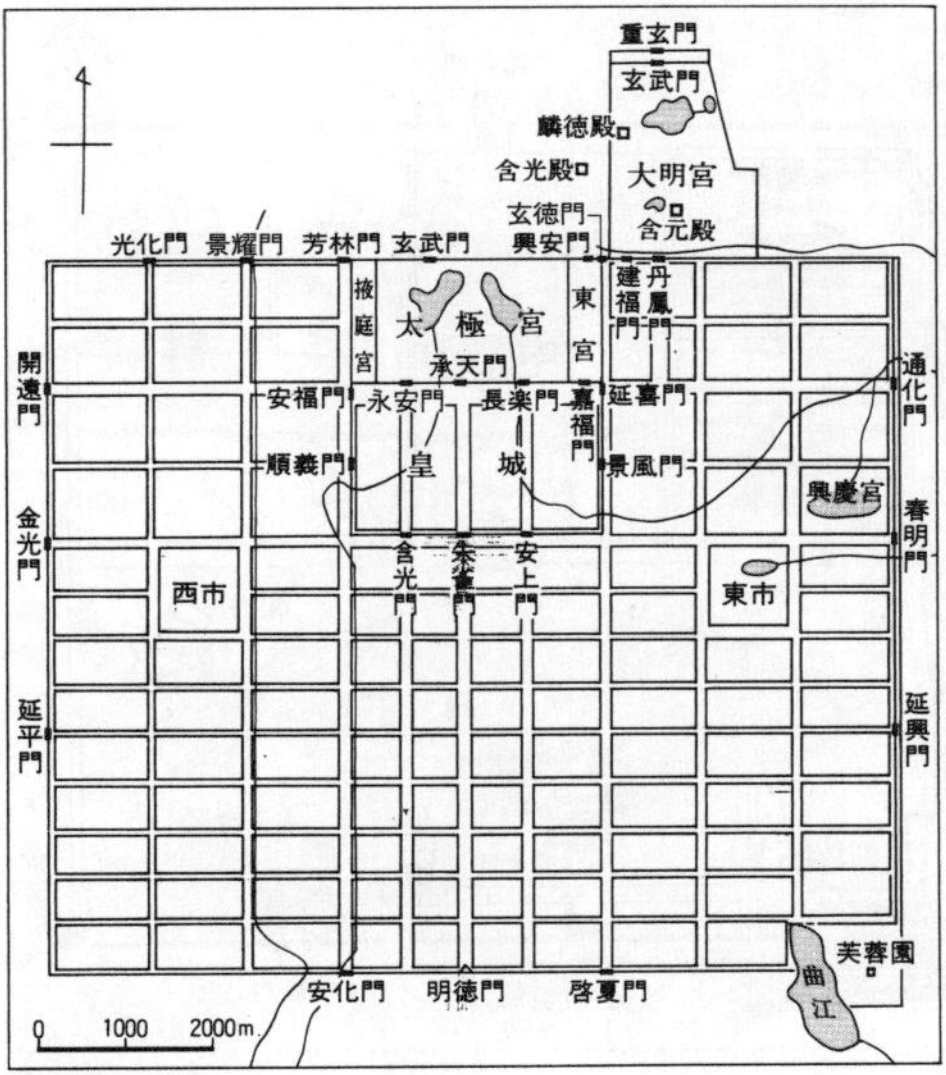

長安城市街図

坊にはそれぞれ「安定坊」「長寿坊」「常楽坊」「永嘉坊」など、佳名から選んだ坊名がつけられていた。坊という名称は「防壁」の防が変化したものというが、坊の周囲は土牆《どしょう》（土塀）で囲まれていた。そのうえ、坊ごとに坊門があり、朝夕の「街鼓《がいこ》」によって開閉され、夜間の通行は禁じられていた。いわゆる「夜禁」である。これは夜間、坊ごとに治安を維持するためである。いまでも北京や上海などの大都市では、団地や公共住宅がものものしい塀

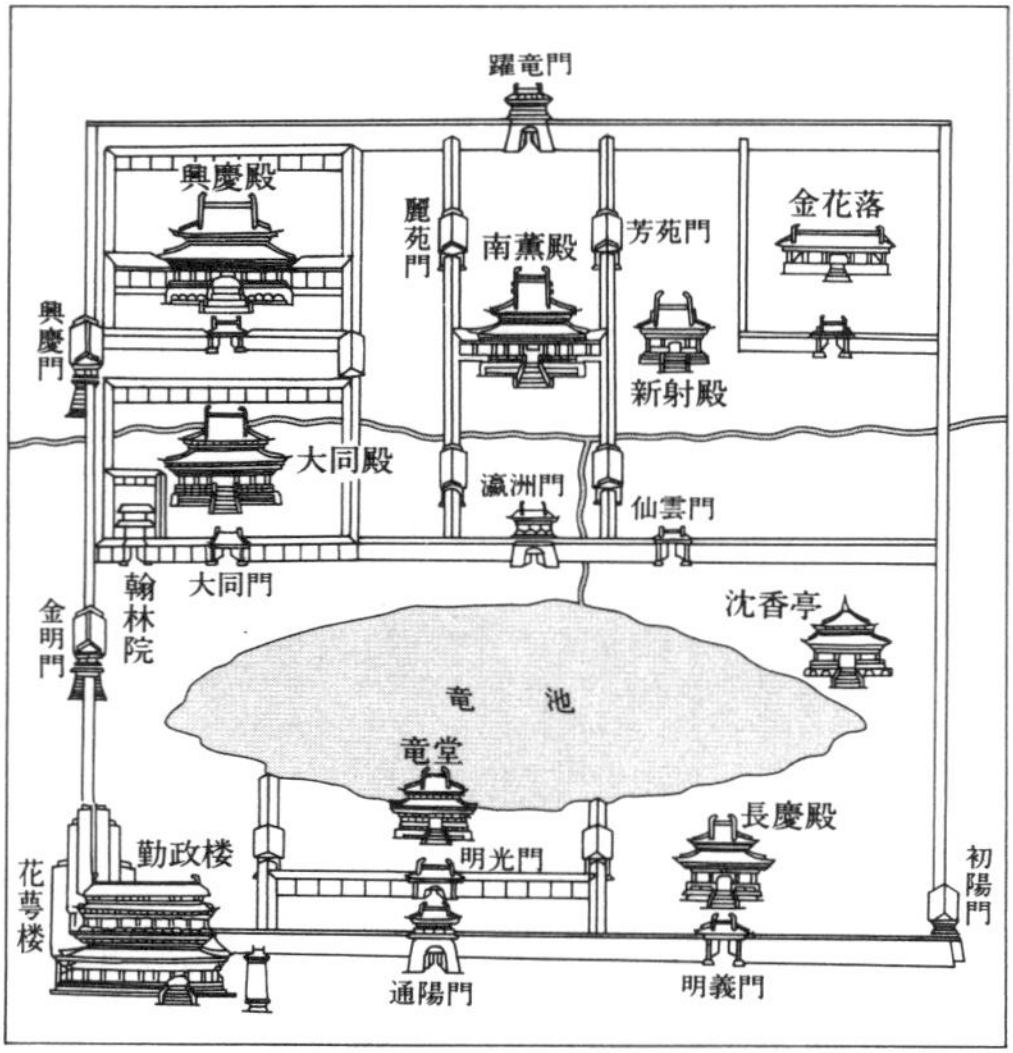

興慶宮（宋代石刻図）

でぐるりと囲まれ、門には守衛がいたり、上海では治安亭という警官の駐在所があったりするのはその名残である。

坊内には五〇〇〇から八〇〇〇の戸数があったが、これらは一種の自治組織で運営されていた。ちなみに街鼓には、日の出を知らせる「暁鼓《ぎょうこ》」と日没を告げる「暮鼓《ぼこ》」とがあった。この鼓を設置しておいた建物が「鼓楼」である。街鼓は人々の生活を規制するとともに、日常の風物詩にもなっていた。

都を東西に走る街路の幅は七〇メートルから一五〇メートルもあり、両側には槐《えんじゅ》や楡《にれ》の並木が茂っていた。陰暦七月、都大路に槐の花が黄色く輝くころは、官吏登用試験である「科挙」の季節であった。そこで「試験の時期」のことを「槐黄《かいこう》」あるいは「槐秋《かいしゅう》」といい、「試験に赴くこと」を「踏槐《とうかい》」とよぶ。

東西の市には同種同業の商人が集まって組合をつくっていた。これを「行《こう》」という。一種のギルドである。合計二二〇の行があったという。肉屋は肉行、金物屋は鉄行、薬屋は薬行、金銀細工屋は金銀行または銀行といった。このほか絹行《けんこう》、秤行《しょうこう》、麩行《ふこう》、帛行《はくこう》、馬行などもあった。近年まで貿易商を「洋行」といっていたのも、この名残である。各行にはリーダーである「行首」または「行頭」がいた。質屋もあり、これを「当舗」(dàngpù)というが、この語はいまでも使われている。品物を質に入れることは「典」という。詩人杜甫の「曲江」二首の二首目に、

朝回日日典春衣　朝《ちょう》より回《かえ》りて日日《ひび》春衣《しゅんい》を典《てん》し
毎日江頭尽酔帰　毎日江頭《こうとう》に酔《よい》を尽《つく》して帰る

とあるが、春の晴着を当舗に質入れ（典）して酒代にしていたのである。外国商人は多く西市にいたが、そこには大口の金を預かる櫃《き》坊《ぼう》があった。ただここは金は預かるが利子を払わず、逆に預かり料を取っていた。

行の人々は仲間だけで通じる独自の隠語をもっていた。それが「行話」（hánghuà）である。市《いち》には市署があり、市の交易や度量衡を監視していた。また平準署があり、物価の調節をつかさどった。市では正午に鼓三〇〇を打って市を開き、日没前に鉦《かね》三〇〇を打って市を閉じた。

貴人もゆきかい繁華をきわめたのは、都の中心を南北に貫く朱雀大街であったが、庶民の歓楽地となったのは、市内に一〇〇〇余もあった仏寺の広場である。ことににぎわったのは、都の東南の晋昌坊《しんしょう》にあった大慈恩寺の境内である。ここには一年中、日用雑貨の露店が並び、歌舞音曲・奇術・見世物などが演じられていた。遠くサラセンから来たペルシア人が群衆の輪の中で魔術を演じてみせてくれる。蒔《ま》いた種からすぐに芽が出て幹が伸び、たちまち花が咲いて実がなった。これが「植瓜《しょくか》の術」である。見物している群衆は大きく眼をあけ、酔うようにしてこれを見ていた。

首都全体を管理するのが「京兆府《けいちょう》」であり、ここは行政と軍事の二つの機構を統合していた。長官を京兆尹（京兆の尹《いん》）とよぶが、その権力は大きかった。別に左右の「街使」がいて街の見廻りを分担した。江戸の町奉行のようなものである。また左右両京に「功徳使《くどくし》」がいて、僧侶と尼僧とを取り締まった。寺社奉行に当る役職である。河渠《かきょ》署・都水監があって水利を管理した。水は王公百官に等しく分けられていた。市民には武器の所蔵と携帯とが禁じられていた。

城内には、清明渠・永安渠・黄渠が城の南壁から、竜首渠が東壁から、漕渠が西壁から、城内を貫通していた。これらが市民の生活用水であった。

都には西北の少数民族や西方の国々の商人がひっきりなしに到着していた。彼らは大量の馬と珍奇な品を携えて来て交易し、絹織物を手に入れて帰って行った。こうして中国の絹製品が西方諸国へ流通していった。いわゆるシルクロード（糸綢《しちゅう》之道 sīchóuzhīdào）である。長安と洛陽の陶磁器職人の作っていた「唐三彩《とうさんさい》」は、あらかじめスタンプで文様を表しておき、文様にあわせて三彩の色釉を使いわける一種の色絵法も編み出しており、周辺諸国に積み出されて日本に奈良三彩、新羅《しらぎ》に新羅三彩、渤海《ぼっかい》国に渤海三彩、のちにはイスラム圏にイスラム三彩を誕生させている。

西市に集まっていた外国商人は常時何千何百に達し、ペルシア、大食《タージー》（サラセン帝国）や中央アジア諸国の各人種がまじっていた。ペルシア屋敷（波斯邸）があり、ペルシア人の開いたペルシア店なども市民の好奇心を満たしてくれる店であった。いまでも長安や洛陽の地下から、ペルシアの銀貨やアラビア金貨が掘り出されることがある。往年の商人たちの生活が窺《うかが》える。

こうした商人たちの往来にともない、西域の舞楽も多く伝来した。宮廷を中心に広く流行した「胡旋舞《こせんぶ》」「胡騰舞《ことうぶ》」「柘枝舞《しゃしぶ》」などがその代表的なものである。これらはいずれも軽快なステップの踊りであるが、巨体をもてあましていた安禄山が意外にも胡旋舞の名手で軽やかに演じてみせて、人々を驚かせたという話がある。

舞楽のための専門機構として、唐朝は「教坊」という役所を設立している。内教坊は宮廷に、外教坊は長安と洛陽に二ヵ所あった。教坊では音楽歌舞をする者を居住させて人々に教えた。地方では「楽戸」という。『新唐書』百官志には、

開元二年、又タ内教坊ヲ蓬萊宮側ニ置キ京都ニ左右教坊ヲ置ク。俳優雑技ヲ掌《つかさど》ル。

とある。この教坊の組織や楽曲の演奏法、妓女の逸話のほか楽曲名三二四曲を記録しているのが『教坊記』である。これは唐の崔令欽《さいれいきん》の著述であるが、当時の音楽や舞踊界の詳細を伝える貴重な資料である。

玄宗は音楽を愛し、よく理解した天子であったので、七一四年（開元二）には芸術振興のために「梨園《りえん》」を設立している。『新唐書』礼楽志《れいがくし》一二には次のようにある。

玄宗スデニ音律ヲ知リ又タ法曲ヲ酷愛ス。坐部伎ノ子弟三百ヲ選ビ、梨園ニ教ウ。声ニ誤アルトキハ、帝必ズ覚《さと》リテ之ヲ正ス。「皇帝梨園ノ弟子《ていし》」ト号ス。宮女数百モ亦タ梨園ノ弟子トナシ、宜春北院ニ居ラシム。梨園法部ニ更ニ小部音声三十余人ヲ置ク。帝、驪山《りざん》ニ幸スルトキ楊貴妃ノ生日《せいじつ》ニハ小部ニ命ジテ長生殿ニ張楽セシメ、因リテ新曲ヲ奏ス。未ダ名アラザルニ、タマタマ南方ヨリ茘枝《れいし》ヲ進ム。因リテ名ヅケテ茘枝香ト曰ウ。

「法曲」は江南の俗曲の名である。「坐部伎」は広間で坐って演奏する者たち。広間の下で立って演奏するのが立部伎である。法部は胡部に対して法曲を演奏する部門。「茘枝香」はここにあるようないきさつで生まれた新曲の名である。今日、日本でも歌舞伎などの演劇の世界を「梨園」、俳優・役者などを「梨園の出身」というのはここから起っている。

同じく礼楽志によると「唐ノ盛時ニハ、オヨソ楽人・音声人、数万人ニ至ル」とあり、その盛んだった様子が想像される。

一年のうちには多くの祝祭日があった。正月一五日夜の「上元節」はもっともにぎやかな祭りの夜であった。この夜を元宵《げんしょう》ともいうので元宵節ともいう。仏教・道教のお寺をはじめ大通りにも横町にも作り物がしつらえられ、いたるところに灯火をつけてお祝いをした。玄宗の宮中でも五色の絹を結んで灯籠を作り、その長さは二〇間、高さは一五〇丈に及んだという。

清明節は三月に行なわれたが、規定で前三日は火が禁じられ、三日目の夜になって宮中から近臣に火が下賜されるならわしであった。人々はこの節気に墓参りをすることになっていた。

五月五日の端午節については『開元天宝遺事』に次のような記事がある。

宮中、端午節ノ到ルゴトニ粉団《ふんだん》角黍《かくしょ》ヲ造リ金盤中ニ貯エ、小角ヲ以テ弓子ヲ造ル。繊《せん》妙《みょう》愛スベシ。箭《や》ヲ架シテ盤中ノ粉団ヲ射ル。中《あた》ル者ハ食スルコトヲ得タリ。ケダシ粉団ハ滑膩《かつじ》ニシテ射難キナリ。都中コノ戯ヲ盛ンニス。

粉団は「だんご」、角黍は「ちまき」であるが、この一種のだんごを水盤に入れ、これを小さな角《つの》で造った弓に矢をつがえて射て、上手に当った者はそれを食べられるという遊びである。宮女たちの遊びは市中にも流行していったとある。この日、人々は菖蒲《しょうぶ》酒を飲み、よもぎを切って人形を作り、それを門に掛けてまじないとした。川辺では「ペーロン」として日本でも行なわれている競漕が見られ、野外ではいろいろな草を用いて勝負を競う闘百草(dòubǎicǎo)という遊戯が行なわれた。

七月七日は「七夕」、一五日は「中元節」。中元節は道教の祭日であり、この宗教の信仰が広がっていたこの時代には重要な一日であった。宮中にひるがえる縁起物の真紅の旗が人々の眼に強く映った。八月一五日は中秋節である。名月を題にした詩人の作が多い。九月九日は九という陽数が二つ重なる「重陽節《ちょうよう》」で、長寿を祈って菊花酒を飲み、健康を願って高いところへ登った。これを「登高」という。いま俳句の秋の季語に「高きに登る」とあるのはこれに由来する。

球技では「撃毬《げききゅう》」と「蹴球」とがあった。撃毬は今日の言葉でいえばポロ polo である。華清池の離宮にはこの毬場がしつらえられてあった。毬は「けまり」（皮で作り、中につめものをしたもの）である。これを毬杖を使って馬上で打ったり追いかけたりする競技である。玄宗はこのスポーツの名手で、若いころトゥルファンから来たチームと対戦し、さんざん負かして観衆を喜ばせた戦歴がある。

蹴球は日本に伝わる蹴鞠《けまり》の元祖で、長い竹を二本立て、これに網をかけて門とし、チームは左右に分かれて互いに相手の門を越えて毬を足で蹴って打ちこむことを争ったものである。古くは兵法や武芸のためのものであった。

宮女たちの娯楽は鞦韆《しゅうせん》（秋千とも記す）、つまりブランコである。古代ギリシアでは春がくると性的な生産や豊作のまじないに女性がこれに乗って動かす習慣があったという。中国では冬至のあと一〇五日目の「寒食《かんじき》」の日（これは清明節の前二日に当る）に、長い縄を高い木にかけ横木の両端をその二本の縄で吊り、女子がこれに坐り、ゆり動かして遊ぶ行事があった。『開元天宝遺事』に「半仙之戯《はんせんのぎ》」と題して次の一文がある。

天宝ノ宮中、寒食節ニ至レバ競《きそ》イテ鞦韆ヲ竪《た》ツ。宮嬪《きゅうひん》ノ輩ヲシテ戯笑《ぎしょう》シテ以テ宴楽ヲ為《な》サシム。帝呼ビテ「半仙之戯」トナス。都中ノ士民、因リテ之《これ》ヲ呼ブ。

「半仙之戯」というのは、これに乗って遊ぶと羽が生えて、半分仙人になったような気分が味わえるからだとされる。民間でもすぐにそうよぶようになったとあるが、宮中行事に対する市民の関心が高く、宮中がファッションのルーツになっている感じである。

長安の春を彩るものは、軽裘《けいきゅう》（軽い皮ごろも）をまとい肥馬に乗って都大路を駆けて行く遊楽する少年たちの驕姿《きょうし》であった。崔国輔《さいこくほ》の「少年行」は次のように詠じている。

遺卻珊瑚鞭　白馬驕不行
章台折楊柳　春日路傍情

珊瑚《さんご》の鞭《むち》を遺卻《いきゃく》して　白馬驕《おご》りて行かず
章台《しょうだい》 楊柳《ようりゅう》を折る　春日《しゅんじつ》 路傍《ろぼう》の情

遊俠の少年たちは貴重な珊瑚の鞭を置き忘れても気にもとめない。白馬は驕って前に進もうとしない。仕方なしに道の辺の楊柳の枝を手折《たお》って鞭に代えた。そこは章台すなわち長安の繁華街、娼家のある狭斜《きょうしゃ》のちまた、商女たちがこの少年に早くも目をとめて秋波を送っている。人はもの憂くけだるい。あたりにはあくまでものどかな春色がいっぱいにひろがっている。

第二章　玉環から楊太真へ

鉄牛につながれた橋

楊貴妃は幼名を玉環《ぎょくかん》といった。唐の玄宗皇帝の七一九年（開元七）の生まれである。玄宗はこのとき三五歳。即位して七年、衆望を担い、英明な少壮天子として政治の刷新に励んでいた。世にいう「開元・天宝の治」の上昇期であった。日本では奈良時代であり、第四四代元正天皇の養老三年である。翌四年は『日本書紀』成立の年である。

貴妃の幼名の玉環は玉《ぎょく》で作った環で、腰に佩《お》びる飾りの品の意である。古代から中国では玉に神霊が宿ると考えられて貴んでいるが、その美しさから女子の名に好んで用いられる。名の由来については唐の元虚子《げんきよし》なる人の『楊太真説《たいしんせつ》』という書物には次のようにある。

楊太真ハ生マレナガラニシテ玉環アリ。ソノ左臂《さひ》ニ在リテ環上ニ太真ノ二小字ヲ墳起ス。故ニ小名ハ玉環トス。

「墳起」というのは「丘のように盛り上がっている」ことである。これは幼名にこじつけてその出生を神秘化し、のちに玄宗に見出されて道観（道教の寺院）に入り太真と名乗ったことにまで結びつけている。

詩人たちが詩中で楊貴妃を指して「阿環《あかん》」としている例がよく見られる。例えば晩唐の李《り》商隠《しょういん》の「曼倩辞《まんせいのじ》」に、

如何漢殿穿針夜
又向窓中観阿環

如何《いかん》ぞ漢殿《かんでん》針《はり》を穿《うが》つの夜《よ》
又《ま》た窓中《そうちゅう》に向《む》いて阿環《あかん》を観る

とあるのがその一例である。これは玉環の環に親称の「阿」を冠したもので、日本語のひびきでは「お玉さま」である。

父は蜀《しょく》州の司戸という役職にあった楊玄琰《ようげんえん》である。蜀州はいまの四川省崇慶《すうけい》県で、成都にも近い導江県には「落妃池《らくひち》」という遺跡がある。これは貴妃すなわち玉環が幼いころ遊んでいるうちに誤って落ちた池だという。

父の役職の「司戸」は戸口・籍帳・婚嫁・田宅・雑徭・道路などのことを扱う民政官である。しかしこの父も生母も玉環の成人する前に死去している。『旧唐書《くとうじょ》』はこれを「妃早孤」（妃早ク孤トナル）と三文字で記述している。

両親を失った玉環は、叔父の楊玄璬《ようげんきょう》に引き取られたことになっている。玄璬は『旧唐書』

では「河南府士曹《しそう》」の官にあったと記されている。「士曹」は郡の属官で工役を掌る者である。

貴妃出浴図（唐の周昉作）

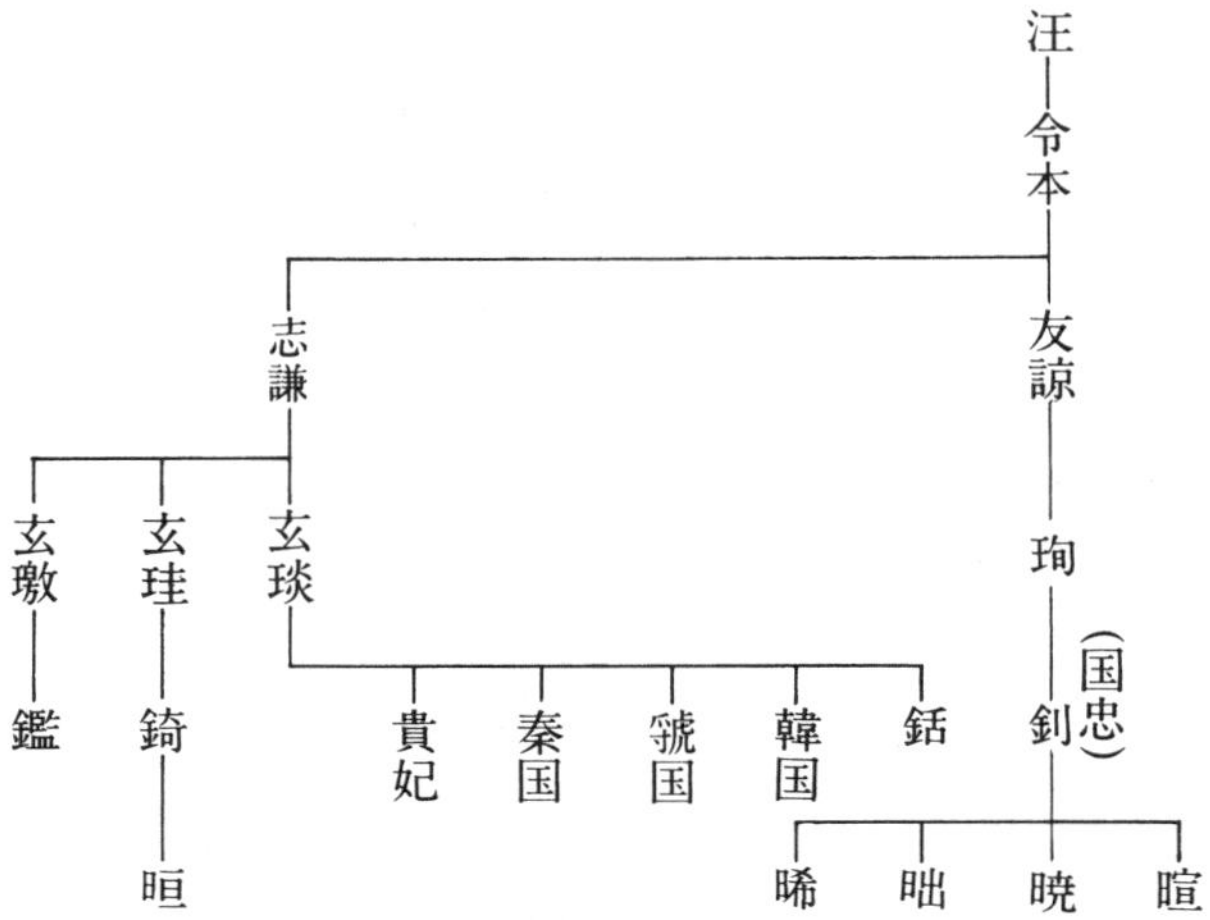

楊氏一族の系図（藤善真澄氏の作図による）

以上が貴妃の出生についての史書の記載であるが、「新・旧唐書」両書には、このほか三人の姉がいたことになっている。それは後に貴妃とともに有名になる韓国《かんこく》、虢国《かくこく》、秦国《しんこく》の三夫人である。両書の楊国忠伝では兄の楊銛《ようせん》、従兄《いとこ》の楊錡《ようき》がいたことになっている（『旧唐書』后妃《こうひ》伝によれば二人は再従兄となっている）。ただし『新唐書』后妃伝では二人とも「宗兄」とされている。「同宗の兄」の意で、同族の遠兄弟である。

のちに楊氏一族で一番出世をして宰相となるのは楊釗《ようしょう》すなわち後の楊国忠《ようこくちゅう》であるが、彼は『旧唐書』では「従祖兄」、『新唐書』では「宗兄」になっている。

発掘中の鉄牛（著者撮影）

要するに楊氏一族の貴妃との親族関係はややあいまいである。しかし便宜上、通説に従って図示してみると四二頁のようになる。

図にある宗祖の汪《おう》なる人物について『新唐書』には、

楊貴妃ハ隋ノ梁郡ノ通守タル汪ノ四世ノ孫ナリ。籍ヲ蒲州《ほしゅう》ニ徙《うつ》シ、遂ニ永楽ノ人トナル。

とある。蒲州は山西省永済市にある。この市の東南に永楽城がある。

私は先年この蒲州へ旅をしたことがある。それは唐の王之《おうし》渙《かん》の有名な「登鸛鵲楼《とうかんじゃくろう》」（鸛鵲楼に登る）という詩の鸛鵲楼の古址がここ蒲州古城跡にあるとされていたからである。その日訪れた城跡の近くで偶然出土して発掘中の「蒲州の鉄牛」なるものに遭遇した（上の写真）。このあたりは古くは黄河に面し、鉄牛はその黄河に架けられた船橋の支柱であったものである。しかもこの船橋には開元・天宝年間に楊貴妃が里帰りのために渡ったという伝承がある。『新唐書』がいうように、楊貴妃の籍貫《せきかん》（本籍）が蒲州にあったとすると、楊貴妃は実際にこの橋を渡って故地に帰っているかも知れない。

いま宋代の『太平寰宇記《たいへいかんうき》』という地理書にあるこの鉄牛の橋についての記事をかかげておく。

鉄牛。開元十二年、河東県ノ東西ノ門ヲ開キ、オノオノ鉄牛四、鉄人四ヲ造ル。ソノ牛ノ下ニ鉄柱ヲ並べ、腹ニ連ネテ地ニ入ルルコト丈余、前後ノ鉄柱ヲ並ブルコト十六。橋ヲ維《つな》ギテ河ヲ跨《また》グ。今ニ至ルマデ存ス。

『新唐書』地理志には次のようにある。

蒲津関アリ。一ニ蒲坂《ほはん》ト名ヅク。開元十二年、八牛ヲ鋳《ちゅう》ス。牛ニ一人アリ。之ヲ策《むちう》ツ。牛ノ下ニ山アリ。ミナ鉄ナリ。岸ヲ夾《はさ》ミテ浮梁《ふりょう》ヲ維《つな》グ。

これは黄河の両岸にそれぞれ鉄牛四体を作り、これに鉄人一体ずつをつけ、牛の腹の下には山の形の鉄柱を地下に埋めたものである。さらにこの鉄牛に竹索《たけづな》をむすびつけ、河中に打ち込んだ鉄柱にむすびつけ、これに浮梁すなわち舟をつないだのである。なぜ鉄牛なのかといえば、このあたりは古来鉄の産地で、鉄仏なども多いのであるが、牛の形にしたのは、この動物に河水を鎮圧する霊力があるという信仰があったからである。貴妃に立てられた楊貴妃がきらびやかな供揃《ともぞろ》えをしてゆらゆらとこの橋を渡ってゆく図が想像される。

なお、『新唐書』の后妃伝《こうひ》には、右のほかには「幼ニシテ孤トナリ、叔父ノ家ニ養ワル」とあるだけで、養父玄璬の官名も名もない。また貴妃になったのち「父玄琰ニ大尉、斉国公ヲ追贈ス」とあるが、玄琰が蜀州司戸であったことなどには触れていない。

宋の史官楽史《がくし》撰の『楊太真外伝』も、楊家が蒲州にかかわりがあるものとして、次のように記述している。

貴妃小字ハ玉環。弘農華陰ノ人ナリ。後、蒲州ノ永楽ノ独頭村ニ居ル。

弘農郡の華陰県は河南府に属する。永楽にいたというのは『新唐書』と同じである。しかし『楊太真外伝』は『新唐書』と異なり、

高祖令本ハ金州ノ刺史、父玄琰ハ蜀州司戸、貴妃ハ蜀ニ生マル。

として、父玄琰の名を出し、以下は『旧唐書』の記載を利用している。

出生についての資料には、いま一つ清代に偽造されたものとされる「楊妃碑記」なるものがある。そこには次のようにある。

玉環は広西省の楊山冲に生まれた。父は楊維、母は葉氏。母の胎内におること一二ヵ月で生まれた。

以下は訓読文で示す。

初メテ誕《う》マルルノ時、満室ニ馨香《けいこう》アリ。胎衣ハ蓮華《れんげ》ノ如ク、三日、目開カズ。夜、神

ノ手ヲモッテソノ眼ヲ拭ウヲ夢ミテソノ次ノ日ニ目開ク。眸《ひとみ》ハ漆ヲ点《てん》ジタルガゴトシ。抱キテ日ノ下ニ出ズレドモ目瞬《またた》カズ。肌白キコト玉ノゴトク、相貌《そうぼう》倫ヲ絶ス。

これはまさに「出生奇異譚」である。この文章はさらにつづく。

この女児は「楊玉娘《ぎょくじょう》」と名づけられたが、土地の有力者である楊康がこの女児の美しいのを見て、自分の子にしたいと思い、多くの金を積んで父の楊維から貰いうけた。しかしその後に楊康はこれを楊玄琰に売りつけたので、ついに玄琰の娘となった。

こうなると、玉環はもはや蜀州の生まれでも永楽の人でもなく、遠い南方の広西出身であり、金銭で転売されて玄琰の手に入ったことになる。もちろん信ずるには足らない。

ところで楊貴妃が玄宗の寵愛をもっぱらにしていたころ、大好物の茘枝《れいし》を南方から特急の便で取り寄せて賞味していたという有名な逸話がある。『新唐書』の后妃伝の記事は次のようである。

妃ハ茘枝ヲ嗜《この》ミ必ズ生《なま》ノママ之ヲ致サシメント欲ス。スナワチ騎ヲ置キ伝送シ数千里ヲ走ラシム。味変ゼズシテ、スデニ京師《けいし》ニ至ル。

彼女がこのように異常に茘枝を好んだのは、生地が蜀の国だったからだということになっている。『楊太真外伝』は次のように記す。

妃子ハスデニ蜀ニ生マル。南海ノ茘枝ハ蜀ヨリマサル。故ニ毎歳駅ヲ馳セテ以テ進マシム。

茘枝はいまは日本のスーパーマーケットでも棚に並べて売っているが、中国音はlizhi（リージ）、英名はlitchi（ライチ）である。果皮はやや硬くてもろい。果肉は白く半透明で水分に富み、少々酸味があって甘く、何よりも独特の芳香があって貴ばれる。中国南部の広東省・福建省にもっとも多く産し、広西・四川・雲南の各省がこれに次ぐ。中国南部では「果物の王」といわれ、『楊太真外伝』にある通り南海すなわち広東産が最上とされている。古来中国人の好んだ果物で、『茘枝譜』という書物もあるが、宋代の詩人で食通の蘇東坡《そとうば》が毎日三〇〇個食べたという記録がある。

楊貴妃が故郷忘《ぼう》じがたく、昔親しんだ食味を慕って茘枝に執着したというのは興味ある資料である。これによってわずかに幼少時代の楊貴妃、すなわち玉環の生きた姿を垣間見ることができるといってよいかも知れない。

玉環の父楊玄琰についてはまったく資料に乏しいが、『開元天宝遺事』には「警悪刀」（悪ヲ警《いま》シムルノ刀）と題して、次のような話が収めてある。

貴妃ノ父楊玄琰ハ少《わか》キ時、ツネニ一刀アリ。道塗《どうと》ノ間ニ出入スルゴトニ、多クコノ刀ヲ佩《お》ブ。或ハ前ニ悪獣・盗賊アルトキハ、スナワチ佩《お》ブルトコロノ刀、鏗然《こうぜん》トシテ声アリ。人ヲ警《いま》シムルガゴトシ。玄琰コレヲ宝トス。

楊玄琰の佩刀《はいとう》は道を歩いていて前方に危険がある時は、つねに鏗然として音を立てて鳴り、人に警告を発したという話である。これは楊貴妃が子供のころに聞いた話を後になって宮廷の人々に話して聞かせたものなのか、世人があとから勝手に創作したものなのか、明らかでない。

この書には次のような逸話も収めてある。

楊貴妃初メテ恩召《おんしょう》ヲ受ケ父母ニ相別ルルトキ泣涕シテ車ニ登ル。時ニ天寒クシテ涙結ビテ紅冰《こうひょう》ヲ為《な》ス。

美人の涙を「紅涙」と形容し、悲しい物語などで乙女を泣かせたりするのを「紅涙を絞《しぼ》る」というが、玉環の場合は文字通り、紅い涙が出て、寒さのためにそれが氷になったというのである。

「紅汗《こうかん》」ということばがあるが、玉環は汗まで紅かったというのが同じ本の次の記載である。

貴妃ハ夏月ニ至ルゴトニ常ニ軽綃《けいしょう》ヲ衣《き》ル。侍児ヲシテコモゴモ扇モテ風ヲ鼓セシムレドモ、ナオソノ熱ヲ解カズ。汗ノアルゴトニ、膩《じ》ヲ出シ香多シ。或ハコレヲ巾帕《きんはく》ノ上ニ拭《ぬぐ》エバ、ソノ色モ桃紅ノゴトキナリ。

貴妃に立てられてからの宮中での話であるが、生来暑がりだった彼女は夏はいつも軽いうすものの衣を着ていた。しかし侍児がかたわらから一生懸命に扇で風を送っても一向に涼しくならない。そこで皮膚から汗が流れ出るのを見ると、それはまるでピンク色のローションのようであり、しかもすごくよい香りがした。これをハンカチで拭ってみると、ほんのりと桃色がにじみ出たそうである。

こういう逸話がつぎつぎといくつも作られてゆくのが、美人伝説の楽しさである。

女の闘いの渦

玉環が蜀州の地方官の娘として成長に向っていたころ、長安の都、玄宗の宮中では熾烈な女の闘いがくりひろげられていた。もちろん、これは玉環のあずかり知らぬことであったけれども。

玄宗には男三〇、女二九、計五九人の子供たちがいた。「後宮三千」といわれる女官たちが侍っていたとはいうものの、唐一代の皇帝のなかでも一番多い数字である。

皇后は王氏であるが、のちに斥けられたので「廃后王氏」という。彼女は玄宗がまだ臨淄《りんし》王だった苦難の時代に妃となった。『旧唐書』后妃伝には「上《しょう》マサニ事ヲ起サントスルヤ、スコブル密謀ニ預リ、大業ヲ賛成ス」とあり、内助の功が大きかった。しかし不幸にして彼女には子供が生まれなかった。兄の王守一《おうしゅいつ》は妹のために僧侶の明悟という者に依頼して、南北の星を祭り、天と地の字と玄宗の名である隆基の文字を刻んだ木をくり合せて呪文を唱えさせた。玄宗との交合を意味し、これによって子を授かろうというものであった。しかし当時の法律すなわち「唐律」では「愛媚ヲ求メテ厭呪《えんじゅ》（まじない）シタル者ハ、ミナ斬刑ニ処ス」と規定されていた。厭呪の事実は間もなく世の知るところとなり、七二四年（開元一二）秋七月に判決があって、王氏は庶人に落された。死一等を免れたわけだが、兄の守一は死を賜わっている。

元献皇后と追号されている楊氏は、七一一年（景雲二）に太子の宮中に入り李璵《りよ》を生んだ。これが忠王であり、のちの粛宗《しゅくそう》である。もともと楊氏は女官としては低い地位にいたが、子供のない王氏がこれを引き取り、わが子のような慈愛をこの子の上に注いでいた。楊氏は七二九年（開元一七）に世を去っている。なお忠王は玄宗の第三子に当る。

これよりさき太子時代の玄宗に寵愛を受けた一人の女性があった。名を趙麗妃《ちょうりき》といった。「モト伎人《ぎじん》」とあるから妓女であったが、玄宗が潞州《ろしゅう》で見初《みそ》めて太子宮に入れた。后妃伝には「才貌アリ歌舞ヲ善《よ》クス」とあり、太子のお気に入りであった。やがて子の瑛が生まれた。李瑛《りえい》は玄宗の第二子である。開元三年には皇太子に立てられ七年には元服した。しかしこの母子の前途をさえぎる暗雲が現われた。それは新たに登場した武恵妃《ぶけいひ》である。

武恵妃は高宗の皇后であった則天武后の従父兄の子、恒安王の娘であり、幼少のころ則天武后に従って宮中に上った。玄宗が皇帝となってから寵愛を受けることとなり、その寵愛は年々深まっていった。王氏が廃后となったのちは、特に「恵妃」という称号を賜わることとなったが、武氏の出なので武恵妃とよばれた。后妃伝には「少《わか》ヨリ婉順、長ジテ賢明、行ハ礼経ニ合シ、言ハ図史《とし》ニ応ズ」とほめたたえているが、則天武后に似て陰険なところがあり、厭呪の秘事をリークして王氏を廃后にしたのは武恵妃の策謀だという推測もなされている。

彼女にはもともと二つの願いがあった。一つは皇后になること、二つは息子の寿王《じゆおう》を皇太子にすることであった。王氏が没落すると、彼女は「恵妃」の称号を賜わるとともに、待遇は皇后と同じものになった。生母の楊氏は鄭国夫人となり、弟の忠は国子祭酒、信は秘書監となった。玄宗との間に夏悼《かとう》王をはじめとして七人の子をもうけていたので、宮中での権勢も盛んであった。玄宗も武恵妃の意志を知って皇后への昇格を許そうとしていたが、官僚たちがこれを拒んだ。『唐会要』によると、武恵妃の出身である武氏一族のかつての専横への警戒心が強く働いたためであるという。皇后になることは見送られたとはいうものの、現実に皇后はいないのだから武恵妃は宮中第一の権勢を保っていた。

七人の子があったと記したが、それは夏悼王、懐哀王、上仙公主、寿王瑁《ぼう》、盛王琦《き》、咸宜《かんぎ》公主、太華公主であった。このうちはじめの三人は夭折していた。そこで寿王が生まれた時は、大事をとって、あえて宮中で育てず、玄宗の兄の寧王の下で養わせることにした。玄宗の第十八子だったので「十八郎」とよばれていたこの王子は、生まれて一〇年余も寧王の邸におり、寧王の子のようにして成人したので、王とよばれるようになったのは諸王のなかでも最もおそかった。しかし、武恵妃に対する玄宗の寵愛が深くなるにつれ、玄宗の寿王への可愛がりようも他の王子らとは異なってきた。そこで武恵妃は寿王を皇太子位につけてくれるよう玄宗にせがんだ。

武恵妃にとっての邪魔者はすでに皇太子におさまっている李瑛である。もちろんその生母、趙麗妃の存在も憎い。が、幸いにして玄宗の心は彼女から離れていて復活の兆しはない。標的は李瑛にしぼられた。

皇太子李瑛はこうしたなかで地位の危うくなる予感に悩まされていた。また生母の趙麗妃が武恵妃のために玄宗から遠ざけられていることへの怨みもあった。若い李瑛は鄂《がく》王、光王らと会ってこの不満をぶちまけていた。この二王子の生母たちも、同じく武恵妃によって玄宗から遠ざけられていたのである。この三人について『旧唐書』は「母氏職ヲ失イ、ツネニ怨望アリ」と記している。

皇太子らの動きは、もちろん武恵妃の張りめぐらした諜報網にひっかかっていた。武恵妃は狙いを定めたように玄宗に訴え出た。『旧唐書』列伝には、

太子ラ党ヲ結ビ、マサニ妾《しょう》ガ母子ヲ害セントス。亦タ至尊ヲ指斥ス。

と告げたと記している。「妾ガ母子」とは武恵妃と寿王、「至尊」とは玄宗である。玄宗は皇太子の廃立と二王子の処分の腹をきめ、宰相の張九齢に命を下した。しかし硬骨で知られた宰相は敢然と反論を提出した。『新唐書』李瑛伝に収められた張九齢の上奏文には、

今、太子スデニ長ジテ過《あやまち》ナシ。二王マタ賢ナリ。

と、はっきりと三人への弁護論が展開されている。『旧唐書』列伝によれば玄宗も正論には

勝てず「黙然タリ。事マタ寝《や》ム」とあり、皇太子廃立はいったん沙汰止みとなった。

なぜ張九齢はこのように頑張ったのか。実は皇太子廃立問題は単に李瑛・趙麗妃vs.寿王・武恵妃という図式だけではなく、唐王室の宮廷官僚の権力闘争がからんだ問題でもあったからである。科挙出身官僚たちは張九齢を中心に李瑛擁護派を結成していた。一方、門閥官僚の一群は実力者李林甫《りりんぽ》を旗頭として寿王擁立派を以って任じていた。廃立問題沙汰止みの知らせを聞くと、策に長《た》けた李林甫は張九齢を失脚させる手を打った。罪をきせられた張九齢は間もなくあわただしく荊《けい》州に流されてしまった。

「太子謀反」の話はすぐに再燃した。このたびは武恵妃の思惑通り、李瑛および二王子は処断され庶人に落されてしまった。そればかりではなく、つづいてむごたらしく殺害されたのである。

それでは皇太子は寿王に決まったかというと、そうではない。肝心の武恵妃がその前に世を去ってしまったからである。それは七三七年（開元二五）一二月のことである。年はまだ四十余歳であった。これよりさき武恵妃は自分の陰謀によって死に追いやった三人の王子の亡霊になやまされ、ついに病に倒れてしまった。それが死因となった。『旧唐書』の列伝、李瑛の項の末にはそのことが次のように記されている。

（三人）並《み》ナ廃セラレテ庶人トナリ、俄《にわ》カニ死ヲ城東ノ駅ニ賜ウ。天下ノ人、ソノアヤマチヲ見ズ。ミナ之ヲ惜シム。ソノ年、武恵妃シバシバ三庶人ノタタリヲナスヲ見ル。

怖レテ疾ヲ成ス。巫者祈禱スルコト月ニ弥《わた》ルモ痊《いえ》ズシテ殞《たお》ル。

武恵妃が死ぬと、三庶人の亡霊も宮中にピタリと現われなくなった。玄宗の武恵妃に対する愛は最後まで衰えず、死後も追慕の情はつのるばかりであったが、その子の寿王に対する気持にはかなり大きな変化が生じていた。

李瑛亡きのちの朝廷で、立太子問題は焦眉の急の問題であったが、事は一気に解決した。皇太子となったのは寿王ではなくて忠王李璵《りよ》であった。擁立の計画者は張九齢でも李林甫でもない宮中第三の権力者、高力士《こうりきし》であった。高力士が忠王を玄宗に推薦したのは、李璵がすでに年長者となっていたことからである。

なお、李璵出生については次のような伝承がある。

母の楊氏が妊娠した時、玄宗はまだ太子であった。そのころ宮廷では太平公主が権勢を振い、玄宗も太平公主の思惑を気にしなければならない状況下にいた。そこで玄宗は生子が多いことで、公主の風当りの一層強くなることを憂えた。考えあぐねた末に臣下の張説《ちょうえつ》に命じて堕胎薬を持ってこさせた。玄宗みずからこれを煎じ、かたわらにいる楊氏に飲ませようとした。しかしこれを煎じながら、ついうとうとしていると夢の中に神が現われて、薬の入った鼎《かなえ》をくつがえしてしまった。目を覚ますと、たしかに薬湯がくつがえっているので、再び煎じ始めると、また夢にその神が現われて鼎をくつがえしてしまうのであった。このようなことが三度つづいたので、玄宗は張説を呼んで、その夢の話をした。すると、張説は「これは天命です。おやめなされませ」と言った。しばらくして公主が事を起して殺され、楊氏は無事に李璵を生んだ。

女道士楊太真となる

七三五年（開元二三）一二月、玄宗は楊玄璬の養女玉環を召し出して第十八王子寿王瑁《ぼう》の女官とした。現実には寿王妃である。使者として楊玄璬のもとに派遣されたのは副宰相兼戸部尚書の李《り》林甫《りんぽ》と黄門侍郎の陳希《ちんき》烈《れつ》であった。このころ皇太子廃立問題は決着しておらず、寿王の生母武恵妃は玄宗の寵をもっぱらにしていたから、寿王はやがてはいまの皇太子李《り》瑛《えい》にとって代るべき有力候補であった。一地方官の娘に過ぎなかった玉環にとっては思ってもみなかった都でのくらしであり、まかりまちがえば国母ともなるべき「玉の輿」の話であった。なぜこのようないきさつになったかについてはたしかな資料がない。おそらく、ひとえに玉環の類まれなる「美貌のほまれ」の致すところであったろう。当時の玉環については「黒髪雲ノゴトク、皮膚雪ノゴトク白ク、挙止ハ漢ノ武帝李夫人ノ風度アリ」と伝えられている。この年、玉環は一七歳であった。

寿王は時に二三歳、本人も前途に光明のあることを信じていたであろう。しかしそれからちょうど二年目、七三七年（開元二五）一二月に生母の武恵妃が死に、翌七三八年六月には新皇太子は忠王李璵《りよ》に決定してしまった。トンビに油揚げをさらわれた形の寿王にはその後、空しい人生が横たわっているだけであった。寿王は懦弱《だじやく》で無能だったともされているが、一面性情は淡白で名利にかかずらわらないところがあったので、美貌の玉環との平和でおちついた波瀾のない人生も一つの選択であったかも知れない。ところがここにまた意外な展開が起った。七四〇年（開元二八）一〇月、玉環は西安郊外の離宮驪山《りざん》の温泉宮に召されて天子玄宗の寵愛を受けることになった。さきに皇太子位を忠王李璵にもっていかれて「トンビに油揚げをさらわれた」王子が、こんどは愛妃を父王に奪われてしまったのである。これを何とたとえたらよいかわからぬが、要するに寿王はこの時期まさに踏んだり蹴ったりの目に遭っているのである。

これが皇帝権力というものであろうが、さすがに倫理的に憚《はばか》られるのはたしかなので『新唐書』の本紀には開元二八年の条に一行だけ、

十月甲子、温泉宮ニ幸ス。寿王ノ妃楊氏ヲ以ッテ道士トナシ、太真《たいしん》ト号セシム。

と記している。『旧唐書』のこの年一〇月の条にはただ、

十月甲子、温泉宮ニ幸ス。

とだけあり、何があったかを伝えていない。楊貴妃の名はそれから五年目の天宝四年の条に

秋八月甲辰、太真楊氏ヲ冊《さく》シテ貴妃トナス。

という形ではじめて出てくることになる。けれども同じく『旧唐書』の后妃《こうひ》伝の記事は、こ

れを補うかのように比較的くわしくこの間の様子を伝えている。

二十四《（ママ）》年恵妃薨《こう》ズ。帝悼惜《とうせき》スルコト久シ。後庭数千、意ニカナウ者ナシ。或ヒト奏ス、玄琰ノ女《むすめ》ハ姿色代《よ》ニ冠タリ。宜シク召見ヲ蒙ルベシト。時ニ妃ハ道士ノ服ヲ衣《き》テ、号シテ太真ト曰《い》ウ。スデニ進見シテ玄宗大イニ悦ブ。

しかし、ここでも玉環が寿王の妃であったことには一切触れることがないばかりか、ただ都に来て女道士となっていたことになっている。

『楊太真外伝』には次のようにある。

二十八年十月、玄宗温泉宮ニ幸ス。高力士ヲシテ楊氏ノ女ヲ寿邸ヨリ取リ、度《ど》シテ女道士トナシ、太真ト号セシメ、太真宮ニ住セシム。

ここには寿王のところから温泉宮に連れて来た人物として、高力士が登場している。

唐の陳鴻《ちんこう》の「長恨歌《ちょうごんか》伝」はこのことを次のようにアレンジしている。

元献皇后、武淑妃《ぶしゅくひ》、皆ナ寵アリシモ、相次イデ世ニ即《つ》ク。宮中ニ良家ノ子女千数アリトイエドモ、目ヲ悦バシムベキ者ナシ、上《しょう》ノ心忽忽トシテ楽シマズ。時ニ毎歳十月、駕シテ華清宮ニ幸ス。（中略）高力士ニ詔シテ潜《ひそ》カニ外宮ヲ捜シテ、弘農ノ楊玄琰ノ女ヲ寿邸ニ得タリ。スデニ笄《けい》スレバ鬢髪膩理《じり》、纎濃《せんのう》度ニ中《あた》リ、挙止閑冶《かんや》ナルコト漢ノ武帝ノ李夫人ノゴトシ。

元献皇后は忠王の生母楊氏、武淑妃は武恵妃である。『旧唐書』の文芸志などの記事によると、玄宗は早くから「花鳥使」という者をつかわして国中から後宮に入れるべき美女を探させていたというが、武恵妃没後はことに心中に空虚なるものを感じていた。宮中の美女たちもとりたててなぐさめとなるべき者もなく、花鳥使からの便りも意に満たぬ者ばかりであった。その時、側近の高力士が寿王の邸から玉環を連れて来て上（玄宗）にお目にかけた。玉環は髪あくまでも黒く輝いて美しく、肌はきめこまかく肉づきもよく、物腰は上品であった。そこで、玄宗は一目見てぞっこん惚れこんでしまったという始末になっている。

しかし息子の妃をひきはがして来て即座におのれの愛妃とするのも荒々しすぎて、世間への聞えもあるので、いったん女道士にして世俗から縁を切らせ、朝廷の道教のお宮である太真宮に住まわせて名を太真と改めさせておいたのである。寿王側への根廻しや各方面への気くばりをし、巧みな段取りをつけたのが高力士であったのであろう。

白居易《はくきょい》（楽天《らくてん》）の「長恨歌《ちょうごんか》」はこれをどのように描写しているだろうか。その長篇の七言《しちごん》古詩《こし》の冒頭には次のようにある。

漢皇重色思傾国　　漢皇色を重んじ傾国《けいこく》を思う
御宇多年求不得　　御《ぎょ》宇多年求むれども得ず
楊家有女初長成　　楊家に女有り初めて長成し
養在深閨人未識　　養われて深閨《しんけい》に在り人未だ識らず

天生麗質難自棄　　天生《てんせい》の麗質《れいしつ》おのずから棄て難く
一朝選在君王側　　一朝選ばれて君王の側《かたわら》に在り
回眸一笑百媚生　　眸《ひとみ》を回《めぐ》らして一笑すれば百媚《ひゃくび》生じ
六宮粉黛無顔色　　六宮《りくきゅう》の粉黛《ふんたい》顔色なし

「漢皇」とは漢の武帝のことであるが、これは暗に玄宗を指している。「傾国」は「美女」で漢の武帝の愛妃李夫人のことであるが、これを楊貴妃になぞらえている。「回眸」は「回頭」とするテキストもある。最後にある「六宮」は皇后以下の六宮すなわちいわゆる後宮である。後宮にいた多くの美女たちも誰一人として楊貴妃と美貌を競うことができなかったの意。白楽天も唐朝に仕えていた人なので、さすがに楊貴妃と寿王とのことは一切言っていない。楊家に美女あり、深閨に育った生娘がたちまち玄宗に仕えることになったという設定にしている。まるで夢のようなラブ・ロマンスになってしまう。

このとき楊貴妃は二二歳、玄宗は五六歳で、その年齢差は三四年である。妃を連れていかれてしまった寿王はどうなったか。二人の間には子がなかったようであるが、一種の家庭崩壊である。『資治通鑑《しじつがん》』巻二一五、天宝四年の条を見ると次のような一文がある。

秋七月壬午、韋昭訓ノ女ヲ冊《さく》シテ寿王ノ妃トナス。八月壬寅、楊太真ヲ冊シテ貴妃トナス。

つまり玉環は玄宗のもとに仕えて五年間、女道士楊太真という「かくれみの」のなかにいたのだが、ここに至って晴れて貴妃の座についたのである。しかしこれに先立つこと一ヵ月、朝廷は寿王に妃として韋昭訓の娘を送って、玉環のいなくなった穴を埋める処置をしたことになる。寿王の心中がどのようであったかは知るよしもない。寿王はその後、粛宗のあとの代宗の七七五年（大暦一〇）に没している。伝には王となった子が三人あるとのみ記されている。二〇代にして早くも陰の人となり、以後長い窓際人生を歩んで世を終ったのである。

舅《しゅうと》を翁といい、息子の嫁を媳《せき》という。中国語では舅が息子の嫁と通婚することを「翁媳成婚」という。これは本来いまわしいこととされている。しかし唐王朝ではすでに玄宗の祖父に当る第三代の高宗が息子の嫁ではないが、父太宗の妃であった女性を妃に迎えた例がある。この女性は太宗が亡くなると髪を切って寺に入り比丘尼《びくに》になっていたのだが、高宗に見初められて宮中に入り、のちに皇后となった。この女性こそがやがて高宗を押しのけて天下に君臨した則天武后である。もともと唐を建国した高祖李淵は隴西《ろうせい》の李氏の出であると称しているが、家系は北方の鮮卑《せんぴ》族に属していたと言われている。したがって唐の王室には鮮卑族の習慣と風俗とがかなり入りこんでいたらしい。そこで高宗の例や、玄宗の例のようなものも、後世考えられるほど心理的抵抗の強いものではなかったようだ。

しかし宋の范祖禹《はんそう》はその著『唐鑑《とうかん》』のなかで玄宗を非難して、次のように書いている。

明皇三子ヲ殺シ子ノ婦ヲ宮中ニ入ル。父子・夫婦・君臣ハ人ノ以ッテ立ツトコロナリ。三綱《さんこう》絶タバ、ソレ何ヲ以ッテカ天下ヲ為《おさ》メンヤ。

明皇とは玄宗のこと、三子とは皇太子廃立で殺された三庶人、三綱とは君臣・父子・夫婦の道で、仁・義・礼・智・信の五常とあわせて「三綱五常」といい、儒教道徳の根幹となるものである。范祖禹はあくまでも伝統倫理の側に立ち、きびしい見方をしている。このようなことをしていて、玄宗は皇帝として果して天下を治める資格があるのかというのである。

これは後世の基準に依るものであり、玄宗当時は朝野ともに男女関係がルーズで開放的気分があったかと考えられる。『新唐書』の公主伝（内親王の伝記）によれば、唐代で公主（皇女）の再婚した者は二三人（「又タ嫁ス」と記してある）、三度嫁した者も四人おり、高貴の婦人の再婚は別に恥とすることではなく、当時は女性の地位も高く、考え方も比較的自由であったらしいことが窺《うかが》われる。

第三章　楊貴妃の栄華

三千の寵愛一身にあり

楊貴妃の名をいやがうえにも高めたのは白居易の「長恨歌」であるが、そのなかでも人々の印象にきわめて深く刻みこまれているのは玄宗との出会いの一節である。詩句には次のようにある。

春寒賜浴華清池　　春寒《はるさむ》うして浴《よく》を賜う華清《かせい》の池《ち》
温泉水滑洗凝脂　　温泉水滑《なめら》かにして凝脂《ぎょうし》を洗う
侍児扶起嬌無力　　侍児《じじ》扶《たす》け起せば嬌《きょう》として力なく
始是新承恩沢時　　はじめてこれ新たに恩沢《おんたく》を承けしの時

花も恥じらう様子であり、玄宗に召される以前、寿王とは実際に枕を交わしていないという「楊貴妃処女説」が生まれるのも仕方がないかも知れない。この場面は古来「貴妃賜浴《きひしよく》」（貴妃浴を賜う）の画題となり、多くの画家の手がけた作品が存在する。第二句の「凝脂」

宮中の行楽（『長恨歌絵入抄』）

は「脂《あぶら》の凝結したようなすべすべとした白い肌」の意である。『詩経』衛風「碩人《せきじん》」の詩にも「手如柔荑　膚如凝脂」（手ハ柔荑《じゅうてい》ノゴトク、膚《はだえ》ノ凝脂ノゴトシ）とある。「柔荑」とは「つばな」すなわち茅《ちがや》の新芽で、やわらかくて白いもののたとえとされる。『世説新語』容止篇にも「面如凝脂　眼如点漆」（面《おもて》ハ凝脂ノゴトク、眼ハ漆ヲ点ズルガゴトシ）とある。もっとも、こちらは王羲之《おうぎし》が杜弘治という若者の美少年なのを賛美したもので、漆を点じたような眼というのは、黒くてパッチリとした目のことである。

華清池は華清宮すなわち温泉宮である。湯けむりただよう温泉の宮殿で最初の夜を過したというのが物語を一層艶麗なものにしている。この華清池はいまの西安市から東北へ三〇キロ、臨潼《りんとう》区の南、驪山《りざん》のふもとにある。秦の始皇帝陵にも近く、観光客にとっては「兵馬俑《へいばよう》博物館―始皇帝陵―華清池」というのが西安での定番のコースになっている。

驪山は渭水《いすい》と灞水《はすい》とに挟まれた山塊で、海抜一三〇二メートルある。「驪」は黒毛の馬のことで、遠くから見ると山の形がそのように見えるので名がついている。温泉は浴池の両側にある四つの泉口から湧き出し、湯の量はいまでも一時間一一二トン、温度は摂氏四三度というから本格的な温泉である。湯には多種類の化学成分が含まれている。華清宮に観光に行く人々は、温泉の前にある池が華清池とよばれているから混乱を起していると思うが、池とは本来「浴池」のことであり、「長恨歌」にある「浴を賜う華清の池」とはすなわち浴池、浴泉（bath）のことである。

華清宮（著者撮影）

この温泉は後周《こうしゅう》の宇文護《うぶんご》がはじめて開発した。ついで隋の文帝がここに屋宇《おくう》を営んだ。のち唐の太宗は閻立本《えんりつぽん》に命じて宮殿を造らせた。閻立本は画家で故宮博物院にある「職貢図」などで名高いが、工芸家・建築家でもあり、宮殿や橋梁の建設に多くのものを残した。この閻立本の造営によって出来上がった建物につけられたのが「温泉宮」の名称である。この宮殿は以後、歴代皇帝の離宮・保養地として盛んに利用された。長安の皇城から程よい距離にあったのが一番の理由であろう。

玄宗は七四七年（天宝六）にその規模を拡大し、名も「華清宮」と改めた。湯井《とうせい》つまり浴泉は華清池とよばれた。『新唐書』の地理志には、

山ヲ環《めぐ》リテ宮室ヲ列《つら》ネ、マタ羅城《らじよう》ヲ築

キ、百司及ビ十宅ヲ置ク。

とある。羅城は宮殿を囲む外郭である。常駐の役人たちの組織も整備され、離宮としての機能が一段と発揮されるようになったのである。皇帝が華清宮に来るのは避寒のためである。玄宗と楊貴妃は毎年八、九月ごろここに来て翌年の春になって帰って行ったという。華清宮には端正楼という建物があり、ここは貴妃が化粧したり髪を洗ったりするところであった。温湯監《おんとうかん》というのが浴泉の役人頭で、その下に監丞《かんじょう》がいて器具の管理をしていた。玄宗と楊貴妃のための浴泉のほか、「長湯十六所」なるものがあり、これらはおつきの女官たちに使用された。

唐の王建《おうけん》の「華清宮」と題する七言絶句はこの離宮の豪華さを次のように描写している。

酒幔高楼一百家
宮前楊柳寺前花
内園分得温湯水
二月中旬已進瓜

酒幔高楼《しゅまんこうろう》　一百家《いっぴゃくか》
宮前《きゅうぜん》の楊柳《ようりゅう》　寺前《じぜん》の花《はな》
内園《ないえん》　温湯《おんとう》の水《みず》を分《わか》ち得《え》て
二月中《にがっちゅう》　旬《じゅん》　已《すで》に瓜《うり》を進《すす》む

「酒幔」は酒宴のための幔幕である。これを張りめぐらせた高楼があちこちにある。「一百家」とは数の多いことをいう。御殿の前には柳が植えられ、役所には花壇がある。「寺」と

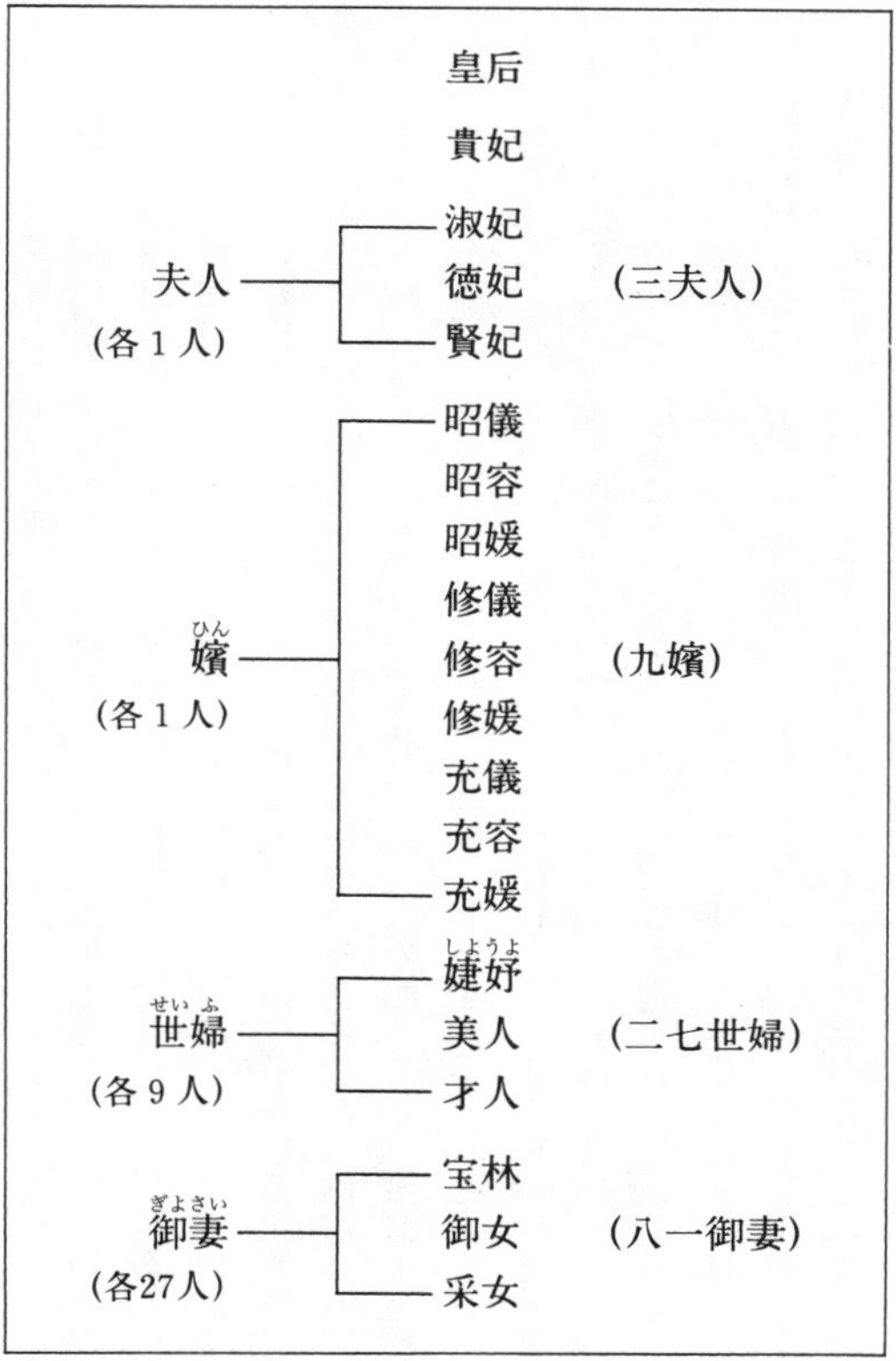

唐代の後宮制度

いうのは寺院ではなく「太常寺」「光禄寺」などという名の離宮にある役所である。この離宮では菜園に温泉を引いて促成栽培をするので、二月のなかばだというのに、もう瓜が食卓に出されてくるというのが大意である。

楊貴妃は玄宗に召し出されたころ女道士として太真《たいしん》の名を与えられていたが、玄宗のかたわらに侍るときは「娘子《じょうし》」とよばれていた。「奥様」というほどの意である。七四五年（天宝四）八月に貴妃の称号を賜わってはじめて地位が定まった。宮中で貴妃が生活することになったのは、いわゆる「後宮《こうきゅう》」である。ここは天子が日常生活をする奥御殿で、国政を聞く外朝《がいちょう》の後《うしろ》にあったのでその名がある。後庭ともいい、外朝に対して内宮ともいう。外朝とはきびしく区別され、男子の出入りは一切許されぬ女人の館であり、事務・労務はすべて去勢された男子である宦官《かんがん》によって行なわれた。後宮の制度を図示すると六七頁のようである。

その合計一二二人である。皇后をはじめ、これに仕える女官の組織がそれぞれにあり、その女官に仕える女官がまた存在するので、後宮には美女が充満しているといってよい。玄宗時代には長安のほかに洛陽にも副都があったので、この両方の后妃以下女官の総数は四万だったともいわれる。一口に「後宮三千」というが、決して誇張した数ではないことになる。経費も莫大なもので、明《みん》の万暦《ばんれき》年間（一五七三—一六二〇）のことであるが、後宮で使う白粉《おしろい》代だけでも年間四〇万両（二〇億円）だったという数字がのこされている。

この美女たちの誰が当夜の天子の独占者となるかはなかなかむずかしく、「すごろく」で決めたりしたこともあったらしい。清《しん》代のきまりでは、選ばれた女性は素裸にされ、宦官の差し出す袋の中に入れられて天子の側に運ばれた。これは天子に危害を加えるのを警戒したためである。

楊貴妃が玄宗の寵愛をもっぱらにした様子については「長恨歌」は次のように描写している。

春宵苦短日高起　　春宵《しゅんしょう》短《みじか》きに苦《くる》しんで日《ひ》高《たか》くして起《お》き
従此君王不早朝　　此《こ》れより君王《くんおう》　早朝《そうちょう》せず
承歓侍宴無閑暇　　歓《かん》を承《う》け宴《えん》に侍《じ》して閑暇《かんか》なく
春従春遊夜専夜　　春《はる》は春《はる》の遊《あそび》に従《したが》い夜《よ》は夜《よ》を専《もっぱ》らにす
後宮佳麗三千人　　後宮《こうきゅう》の佳麗《かれい》　三千人《さんぜんにん》
三千寵愛在一身　　三千《さんぜん》の寵愛《ちょうあい》　一身《いっしん》にあり

玄宗が楊貴妃との愛欲に溺れて日夜となく共に過し、ついには外朝に出て朝早くから政治に当るという職分をすっかり捨ててしまったという非難である。連夜のお召しによって楊貴妃は玄宗をひとりじめにし、後宮三千の女人たちに向けられる寵愛を一身に集めてしまったとある。

唐の陳鴻の「長恨歌伝」には次のようにある。

明年、冊《さく》シテ貴妃トナス。后《こう》ノ服用ヲ半《なか》バニス。コレヨリソノ容《よう》ヲ治《や》ニシ、ソノ詞ヲ敏ニシ、婉孌万態《えんらんばんたい》、以ッテ上《しょう》ノ意ニ中《あた》ル。上マスマス嬖《へい》ス。（中略）驪山ノ雪夜、上陽《じょうよう》ノ春朝、上ト行クトキハ輦《れん》ヲ同クシ、止マルトキハ室ヲ同クス。宴ニハ席ヲモッパラニシ、寝《しん》ニハ房ヲモッパラニス。三夫人・九嬪《ひん》・二十七世婦《せいふ》・八十一御妻《ぎょさい》オヨビ後宮ノ才人、楽府《がふ》ノ妓女アリトイエドモ、天子ニ顧眄《こへん》ノ意ナシ。コレヨリ六宮《りくきゅう》マタ進幸スル者ナシ。徒《ただ》ニ殊豔尤態《しゅえんゆうたい》コレヲ致スニアラズ。ケダシ才智明慧、善巧便佞《べんねい》、先意希旨《きし》、形容スベカラザルモノアレバナリ。

貴妃の称号を与えられると皇后の経費の半分がまわされることとなった。これ以後、貴妃は容姿をなまめかしくし言葉も巧みにしてひたすら天子の心にかなうように振舞ったので、ますます愛されるようになった。（中略）

天子が驪山に行かれる雪の夜も、上陽宮での春の朝も、行く時は同じ車に乗り、泊る時には同じ部屋にいた。宴《うたげ》では天子と敷物を共にし、寝る時は彼女だけが床を共にした。三夫人以下、八一御妻および後宮の才人（女官）、音楽をつかさどる楽府の妓女たちも、すべて貴妃の前には天子をふりむかせる力がなかった。また以後あらたに後宮に推薦されてくる女性も立ち消えとなってしまった。それは貴妃がただなまめかしく美しかったばかりではなく、才智にすぐれ言葉づかいも巧みで天子の心を先取りしたり、心にかなうように意を迎えたりするものを備えていたためでもある。

以上が大意である。文中の六宮は後宮のことであり、後宮は六つの宮殿から成り立っていた。

「長恨歌伝」は楊貴妃が玄宗の寵愛を独占できたのは、ただ美しかったばかりでなく、気ばたらきも人並すぐれ、才智も尋常でなく、頭の回転のいい女性だったからだと強調しているが、そのことは『新唐書』の后妃伝にも次のように記してある。

(貴妃ハ)歌舞ヲ善《よ》クシ、音律ニ邃暁《すいぎょう》シ、且《か》ツ智《ち》算警穎《さんけいえい》、意ヲ迎エテ輒《すなわ》チ悟《さと》ル。帝大イニ悦ビ、遂《つい》ニ房宴《ぼうえん》ヲ専《もっぱら》ニス。

舞が上手で音楽にくわしく、頭がよくて気がまわる、女性としてはまことに好ましいことこの上ない女性である。伝承に理想化の跡のあることを割引いても、知能はかなり高かったと判断してよさそうである。

楊氏六家の栄え

身内の誰かが出世すると一族・一門がその恩典に浴して昇進するのが中国社会の常である。見たことも聞いたこともない親戚がつぎつぎと立ち現われるというのもよく耳にする。

玉環が貴妃になると亡父楊玄琰《ようげんえん》には太尉斉国公の位が追贈され、母は涼国夫人に封ぜられれた。叔父楊玄珪《ようげんけい》は光禄大夫となり、兄楊銛《ようせん》は鴻臚卿《こうろけい》になり、従弟である楊錡《ようき》は侍御史に抜擢されている。ただ、ちょっと不思議なのは、養父の楊玄璬《ようげんきょう》に何の沙汰も下っていないことである。なお侍御史となった楊錡には玄宗と武恵妃との間に生まれた太華公主が降嫁している。『新唐書』の公主伝には「太華公主ハ貞順皇后ノ生ムトコロ、楊錡ニ下嫁ス。天宝ノ時ニ薨《こう》ズ」と記されている。三人の姉も韓国夫人、虢国《かくこく》夫人、秦国夫人の称号を賜わり、国君夫人の礼遇を与えられて、禁中に自由に出入りするようになった。この三姉は楊貴妃との縁で威勢が盛んであった。玄宗の娘である公主たちも遠慮しなくてはならないほどであった。玄宗は三姉を姨《い》（妻の姉妹）とよんで大事にし、毎年一〇〇万の金を下賜して「脂粉《しふん》の用とせよ」と言葉を賜わったという。

兄の楊銛は鴻臚卿からやがて上柱国に上った。その邸宅の門には戟《げき》を持った武士をつらねて門衛とする有様であった。楊銛のほか従弟楊錡、再従兄楊釗《ようしょう》（のちの国忠）と三夫人、合せて楊氏六家は互いに大邸宅を造営した。その規模も宮城を模したものであった。他人の邸宅が楊氏よりも立派であると、その家をこわして楊氏に移築させるという乱暴をさえ犯した。どの家も土木工事が止むことなく、邸宅はそれぞれ年々豪壮になっていった。玄宗も各地からの献上品を楊家に分かち与えるのが常であったので、朝廷からは使者の往来が絶え間なくつづいた。

天子が手厚くすれば官吏たちもこぞって楊氏に追随し、その意を迎えるのに汲々としていた。役人の根性の腐っていることは国境と時代とを超えて変らない。嶺南の節度使の張九章と広陵の長史の王翼とはもっとも露骨に媚《こび》を売り、封地の珍品を献納して機嫌をとり結んだ。その甲斐あって張氏は銀青光禄大夫に、王氏は戸部侍郎に任じられるよう取り計らってもらった。

一般に「楊氏五家」とか「五宅」とかよばれるのは「六家」のなかからのちに宰相になった楊国忠を別格扱いにするからである。いずれにしても楊氏一門は強力な派閥を形成して朝廷の内外で外戚権力ともいうべき一大勢力となって天下に恐れられた。彼らの発言は天子の詔勅のような権威を持ち、諸王や公主の婚姻さえも韓国夫人や虢国夫人の内諾を必要とした。もちろん、内諾を得るためには数百千金を贈っておくことが大前提であった。

これらはいずれも「新・旧唐書」のひとしく記すところであり、必ずしも事実を誇張したものではないようである。『新唐書』后妃伝の一節に「四方ヨリノ賂遺《ろい》（わいろ）、門市《いち》ノ如ク然《しか》リ」とあるが、これが「権勢」というものであり、朝廷内外の人々も羨望と憤怒とを覚えながらいかんともすることができなかったのであろう。

三夫人は独身ではなく、それぞれ夫を持っていた。『資治通鑑』天宝七年冬一一月の条には次のようにある。

貴妃ノ姉ノ崔氏ニ適《ゆ》ク者ヲ韓国夫人トナス。裴《はい》氏ニ適ク者ヲ虢国夫人トナス。柳氏ニ適ク者ヲ秦国夫人トナス。三人ミナ才色アリ。上《しょう》コレヲ呼ビテ姨トナス。宮掖《きゅうえき》ニ出入シテ並ビニ恩沢ヲ承ケ、勢、天下ヲ傾ク。

このように男女の別なくほしいままに権勢を振うようになるのが、古来この国の特有の現象である。「三人ミナ才色アリ」とあるが、なかでも虢国夫人がとりわけ容貌すぐれ、本人も自信を持っていた。彼女は朝廷に向う時にも化粧もせず、素顔に近い状態で平然としていたという。同時代の詩人杜甫（あるいは張祜《ちょうこ》ともいう）の「虢国夫人」と題する七言絶句一首が残っている。

虢国夫人承主恩
平明上馬入宮門
却嫌脂粉涴顔色
淡掃蛾眉朝至尊

虢国夫人主恩《しゅおん》を承《う》け
平明《へいめい》馬に上《のぼ》って宮門を入る
却って嫌《きら》う脂粉《しふん》の顔色を涴《けが》すを
淡《あわ》く蛾眉《がび》を掃《は》きて至尊《しそん》に朝《ちょう》す

「平明」は早朝、「蛾眉」は女性の眉、「至尊」は天子である。なお彼女はまだ蜀にいたころ楊釗（国忠）と男女の関係があったとされている。都に来てからも長安の宣義里に並んで邸宅を造り、とくに親密に昼夜の別なく相会しては遊興に耽った。また宮中に参内する時も、市中をくつわを並べて馬を走らせるばかりでなく、諧謔嬉戯の痴態を呈して進むので、見る者を唖然とさせたと伝えられている。この両人だけでなく、楊氏六家は華清宮の周辺にも豪華な別宅を持っていた。『旧唐書』の楊国忠伝には、両人の関係と六家の華清宮の邸をめぐる話を次のように伝えている。

　貴妃ノ姉ノ虢国夫人ハ国忠コレト私《わたくし》ス（私通すること）。宣義里ニオイテ甲第《こうだい》（邸宅）ヲ構連シ、土木綈繡《ていしゅう》ヲ被《こうむ》ル（邸が立派なこと）、棟宇ノ盛ンナルコト、両都（長安・洛陽）ニ比《たぐい》ナシ。昼会シ夜集《つど》イ、礼度ナシ。時ニ虢国ト轡《くつわ》ヲ並ベテ朝ニ入ルコトアリ。鞭ヲ揮イ馬ヲ走ラセ、以ッテ諧謔ヲナス。衢路《くろ》ニコレヲ観ルモノ、駭歎《がいたん》セザルハナシ。

　玄宗毎年冬十月、華清宮ニ幸ス。常ニ冬ヲ経《へ》テ宮ニ還《かえ》ル。国忠ノ山第（別邸）ハ宮門ノ南ニアリ。虢国ト相対ス。韓国・秦国、甍棟《ぼうとう》相《あ》イ接ス。天子ソノ第ニ幸スルヤ必ズ五家ヲ過ギ、賞シテ宴楽ヲ賜ウ。驪山ニ扈従《こじゅう》スルゴトニ五家隊ヲ合ス。

二人の関係は天下周知のことであり、華清宮近くの別邸も一族とは言いながら来往に便利なように隣り合って造られている。玄宗は華清宮に来ると貴妃とともに五家の別邸につぎつぎと行幸し、大宴会を開いて歓楽の日々を過した。五家の人々は玄宗が長安から華清宮に行く日には、それぞれに趣向をこらした行列を作ってお供をした。沿道の人々はまるでファッション・ショウを見るようにこれを見に通りに出た。それは彼らのうらぶれた日常とは全くかけ離れた色あざやかな栄華の世界であった。『開元天宝遺事』には「楼車載楽」（楼車ニ楽ヲ載ス）という題で、楊国忠の一族の子弟が貴妃の威光をかさに着て奢侈を極め、春遊の際には大車にさまざまな色の布を結び楼車（展望車）を造り、その車に歌姫たちを乗せ私第から華清宮まで賑かに歌舞を見せながら練り歩いたと書いてある。

同じく「肉陣」と題して次のような記事もある。

楊国忠冬月ニ於イテ常ニ婢妾《ひしょう》ノ肥大ナル者ヲ前ニ行列セシメ、風ヲ遮《さえぎ》ラシム。ケダシ人ノ気ヲ藉《か》リテ相暖ムルナリ。故ニコレヲ肉陣トイウ。

防風林の代りに肥満した女性たちを行列の先頭に歩かせ、これに「肉陣」と名付けたという話である。

七五一年（天宝一〇）正月一五日の夜には次のような事件があった。これは『資治通鑑』の記述による。

楊家五宅とだけあるので、だれであるかは特定できないが、この夜、楊家の一行が夜遊びに出かけた折、長安の西市の門のあたりで、広平公主の馬車とすれちがった。広平公主は玄宗と董芳儀《とうほうぎ》という女官との間に生まれた娘である。行列と行列とのあいだに行きちがいが生じ、楊家の下僕が乱暴にも公主の従者を鞭で打とうとしたが、鞭は下僕に当らずに公主の衣に当り、おどろいた公主が馬から落ちるという騒ぎとなった。公主の馬を守っていた程昌裔《ていしょうえい》という家臣は公主を助けおこすとともに、怒って楊家の下僕を逆に打ち据えた。その日が過ぎてから公主は公衆の前で侮辱を受けたことを悲しみ、泣いてこのことを玄宗に訴えた。そこで玄宗は楊家の下僕を死罪にしたが、同時に程昌裔も喧嘩両成敗ということで停官とした。しかし楊家そのものには何のおとがめもなかった。とがは楊家の側にあるにもかかわらず、公主でさえも泣寝入りするほかなかったこの事件は、人々の心中にどのような思いを抱かせたであろうか。

楊氏一門の栄華について「長恨歌」は次のように詠じている。

姉妹弟兄皆列土
可憐光彩生門戸
遂令天下父母心
不重生男重生女

姉妹弟兄《しまいていけい》　皆《み》な土《ど》を列《つら》ね
憐《あわ》れむべし　光彩門戸《こうさいもんこ》に生《しょう》ずるを
遂《つい》に天下《てんか》の父母《ふぼ》の心《こころ》をして
男《おとこ》を生《う》むを重《おも》んぜずして女《おんな》を生《う》むを重《おも》んぜしむ

「皆な土を列ね」というのは、領土を与えられて諸侯となったことである。男系の一族ばかりでなく三夫人も、称号とともに封土を与えられていたのである。「憐れむべし」というのは「可哀そうな」という意味ではなく、「ああ何とすばらしいことか」という歎称の辞である。貴妃という女性が一人いたばかりに一族一門それぞれにめざましい出世をし、とてつもないぜいたくをほしいままにできるようになっていたので、世の親たちはこれにあやかりたくて男よりも女を生むことを望んだというものであるが、「長恨歌伝」には当時民間で流行したという次のような二つの俗謡が書きとどめられている。

生女勿悲酸　　女を生むも悲酸《ひさん》する勿《な》かれ
生男勿喜歓　　男を生むも喜歓《きかん》する勿かれ

男不封侯女作妃　　男は侯に封ぜられざるも女は妃と作《な》る
看女却為門上楣　　看《み》よ女却《かえ》って門上の楣《び》と為《な》るを

「門上の楣」は門の上の横梁、家門の意であるが、転じて女子が玉の輿に乗って家門を繁栄させることをいう。ここから女の子の生まれた時の祝いの言葉として「門楣喜」（門楣の喜《よろこび》）という成語までもつくられている。

宮中の行楽

玄宗が避寒のため温泉宮（華清宮）に行幸するのは楊貴妃を迎える以前からのならわしであるが、貴妃に立てた天宝四年（七四五）以後の記録はとくに顕著である。『新唐書』玄宗紀から記事を抜き出してみると、次のようになる。

四年　十月温泉宮ニ幸シ、十二月温泉宮ヨリ至ル。

五年　十月温泉宮ニ幸シ、十一月温泉宮ヨリ至ル。
六年　十月華清宮ニ幸シ、十二月華清宮ヨリ至ル。
七年　十月華清宮ニ幸シ、十二月華清宮ヨリ至ル。
八年　十月華清宮ニ幸ス。
九年　正月華清宮ヨリ至ル。十月華清宮ニ幸シ、十二月華清宮ヨリ至ル。
十年　十月華清宮ニ幸ス。
十一年　正月華清宮ヨリ至ル。十月華清宮ニ幸シ、十二月華清宮ヨリ至ル。
十二年　十月華清宮ニ幸ス。
十三年　正月華清宮ヨリ至ル。十月華清宮ニ幸ス。十二月華清宮ヨリ至ル。
十四年　十月華清宮ニ幸ス。十一月華清宮ヨリ至ル。

一四年は例年のごとく華清宮に出かけた。しかし一一月には「安禄山反ス」の一文が入っている。そこでその月「華清宮ヨリ至ル」となっている。この年を最後に玄宗紀からは「華清宮ニ幸ス」の文字が遠のいた。玄宗と楊貴妃との愛情濃密な歳月はこの間十有余年に過ぎなかったのである。いったい、二人はどのような生活を展開していたのであろうか。

『楊太真外伝』には玄宗が楊太真を貴妃に立てた日に「霓裳羽衣《げいしょうらい》の曲」を奏して迎えたという記事がある。

この曲の由来については二つの伝承がある。一つは河南省にある女几山《にょき》という仙山を望み見ながら玄宗がみずから作った詩に基づくとする説。いま一つは天宝のはじめ、八月十五夜に玄宗がある道士とともに月にある月宮殿に行って、仙女たちが舞っているのを見て覚えてきたとする説である。

霓は虹、「霓裳」は「にじのもすそ」、仙人の衣裳のたとえ。羽衣は鳥の羽でつくった「天人のはごろも」。いずれにしても仙界・仙女への憧憬をみなぎらせた曲である。

曲調は西涼から伝わった古代インド、すなわち婆羅門《バラモン》のしらべである。同じく『楊太真外伝』には玄宗が貴妃に出会ったのを「至宝ヲ得タルガゴトシ」と喜び、とくに「得宝子」という曲を作ったとあるから、玄宗は楊貴妃を宝とも仙女ともみなして大切にしたと思われる。

その後、ある時、玄宗は諸王たちと宮中の木蘭殿《もくらんでん》で宴を開いていた。ちょうど木蘭が花盛りではあったが、この日の玄宗は少し元気がなかった。ところがやがて酒に酔った楊貴妃がやおら立ち上がって霓裳羽衣の曲を舞ったところ、たちまち上機嫌になったという。

唐の李濬《りえい》の『松窗雑録《しょうそうざつろく》』には次のような話がある。

開元年間、宮中の沈香亭の前には牡丹の花が咲き誇っていた。玄宗は「この名花と貴妃とをとりあわせて新曲を作りたいものだ」と言った。そこで使が詩人李白のもとにつかわされた。李白は酒に酔っていたが、みことのりをかしこみ、「清平調詞《せいへいちょうし》」三首を詠んで使の者に渡した。玄宗は楽人に見せて曲を作らせ、当代第一の歌い手である李亀年に命じてこれを歌わせた。曲は華麗にして余情に富み、玄宗も貴妃もともに満足した。このとき貴妃は玻璃《はり》七宝の杯に西涼の蒲桃《ほとう》酒を酌《つ》ぎ、玄宗は玉笛を奏してみずからこの曲に和した。

その三首は次のようなものである。

李白

雲想衣裳花想容　雲には衣裳を想い　花には容《かんばせ》を想う

春風払檻露華濃　春風《しゅんぷう》檻《かん》を払いて露華《ろか》濃《こまや》かなり

若非群玉山頭見　若《も》し群玉山《ぐんぎょくさん》頭《とう》に見るに非《あら》ずんば

会向瑶台月下逢　会《かなら》ず瑶台月《ようだいげつ》下《か》に向かって逢《あ》わん

（大意）雲を見てはこの君（貴妃）の衣裳を想い、牡丹を見てはこの君の容顔が想われる。春風は欄干のあたりを払い、露の玉は光って、しっとりと花上に置かれた。これほど美しいひとは、もし群玉山上で会うのでなかったら、きっと瑶台の月の下《もと》でしか会えないだろう（群玉山は西王母〈女仙〉の住む山、瑶台は仙界の有娀《ゆうじゅう》氏という美女のいるところ）。

一枝濃艶露凝香
雲雨巫山枉断腸
借問漢宮誰得似
可憐飛燕倚新粧

一枝《いっし》濃艶《のうえん》　露《つゆ》　香《こう》を凝《こ》らす
雲雨《うんう》　巫山《ふざん》　枉《むな》しく断腸《だんちょう》
借問《しゃもん》す　漢宮《かんきゅう》　誰《たれ》か似たるを得《え》ん
可憐の飛燕《ひえん》　新粧《しんしょう》に倚《よ》る

（大意）この方は一枝の濃艶な花に、露が香を凝結させたおもむきがある。この美しいひとを侍らせたもう君主の楽しみに比べれば、昔、巫山《ふざん》の雲雨を眺めて神女に恋いこがれ、腸を断つ思いをしたという楚の襄王《じょうおう》は、何とむなしいことをしたものだろうか。そこで聞いてみたい。漢の宮殿の美人の中で、誰がこの方の美しさに似ていたろうか。それはあの愛姫趙飛燕《ちょうひえん》が、化粧したばかりの美しさをみずから誇っている風情、とでもいったらよかろうか。

名花傾国両相歓
常得君王帯笑看
解釈春風無限恨

名花傾国《めいかけいこく》　両《ふた》つながら相歓《あいよろこ》ぶ
常《つね》に君王《くんおう》の笑《わらい》を帯《お》びて看《み》ることを得たり
解釈《かいしゃく》す　春風《しゅんぷう》　限《かぎ》りなきの恨《うらみ》

沈香亭北倚闌干　　沈香亭北《じんこうていほく》　闌干《らんかん》に倚《よ》る

（大意）牡丹の名花と絶世の美人と、両方から君の御心をむかえて、今を盛りとかがやけば、君王は笑みを含んで、飽かず眺めたもう。この美しい花と美しいひととが春風の誘うかぎりない春愁を解きほぐして、いましも沈香亭の北、欄干にもたれておられる（傾国は漢の武帝の時「傾国の美女」といわれた李夫人）。

第二首で李白は楊貴妃を趙飛燕にたとえている。のちに玄宗の側近である高力士はこれを「不敬である」と貴妃に告げた。漢の成帝がこの愛姫のために身を亡ぼしたとされているからである。貴妃もこれを聞いて李白を恨み、これが李白の宮中からの追放の原因になったという。この話にはもう一つ尾鰭《おひれ》がついている。それは酔った李白のところに使に行ったのが高力士で、彼はその時、李白の靴を脱がさせられたのを根にもったのだということである。

伝承の真偽は別として、さすがに天才李白は即興でもこれだけの美辞麗句の大盤振舞ができたのかと感心させられるが、同時に玄宗と楊貴妃の宮廷生活のはなやいだ様子もあざやかに伝わってくる。

さきに貴妃が酒に酔って霓裳羽衣の曲を舞ったと記したが、「貴妃酔酒」という画題もあるように貴妃が酒に酔った話に次のようなものがある。

貴妃、宿酒初メテ消ユルゴトニ多ク肺ノ熱ニ苦シム。カツテ凌晨《りょうしん》ヒトリ後苑ニ遊ビ花樹ニ傍《そ》イテ手ヲ以ッテ枝ニ攀《よ》ジ口ニ花ノ露ヲ吸ウ。ソノ露ノ液ヲ藉《か》リテ肺ヲ潤《うるお》スナリ。二日酔に苦しんだ貴妃が、早朝庭に出て樹の枝から花の露を吸い、肺をうるおして吐き気を消したというもので、これは「吸花露」（花ノ露ヲ吸ウ）と題して『開元天宝遺事』の伝えるところである。

「醒酒花《せいしゅか》」という次の話もある。

明皇、貴妃ト華清宮ニ幸シ宿酒初メテ醒ムルニ因リ、妃子ノ肩ニ凭《よ》リテ木芍薬《きしやくやく》ヲ看《み》ル。上《しよう》、一枝ヲ折リテ妃子ニ与エ、タガイニソノ艶《えん》ナルヲ嗅《か》グ。帝曰ク「タダニ萱草《かんぞう》ノ憂ヲ忘レザラシムルノミナラズ、コノ花ノ香艶《こうえん》ナル、尤《もつと》モヨク酒ヲ醒マサシム」ト。

明皇は玄宗、木芍薬は牡丹、萱草は「忘れ草」。華清宮の宮苑で酒を醒ましていて、玄宗が貴妃の肩を抱きながら牡丹の花の香を嗅ぎ、「忘れ草は憂いを忘れさせてくれるというが、この花は一番よく酔を忘れさせてくれるね」とささやいたという話である。「勝手にしろ」と言いたいような他愛もない話であるが、一〇代の少年少女の恋にも似た「ラブラブ」の関係である。

「蛛絲ト巧」（蛛絲《ちゆし》ニ巧ヲトウ《うらな》）という次のような話もある。

帝、貴妃ト七月七日ノ夜ニ至ルゴトニ華清宮ニ在リテ遊宴ス。時ニ宮女ノ輩、瓜花酒《しゆ》饌《せん》ヲ陳《つら》ネ、庭中ニ列シテ恩ヲ牽牛織女星ニ求ム。又タ各々《おのおのち》蜘蛛《ちゆ》ヲ小盒《しようごう》中ニ捉《とら》エ、暁ニ至リテ開キテ蜘網ノ稀密《きみつ》ヲ視《み》、以ッテ巧ヲ得ルノ候《こう》トナス。密ナル者ハ巧多シトナシ、稀ナル者ハ巧少シト言ウ。民間モ亦タ之ニ効《なら》ウ。

七月七日の七夕の夜は、玄宗は楊貴妃とともに華清宮に来て宴を開き、瓜花や御馳走を供えて星祭りをした。またその夜宮女らは「くも」を小さなふた物の中に入れ、暁《あ》け方に網の張り具合《ぐあい》を見て、箱の持主の手仕事の上達を占って一喜一憂したという話である。なおこの占いは宮中から民間にも流行していったと書いてある。優《ゆう》にやさしく「世はすべて事もなし」という平和なくらしを象徴している。

こんな二人にも感情のもつれで仲違いの生じたことが二度あった。これは小説のたぐいではなく『旧唐書』の后妃伝に記載されて伝わっている話である。

第一の事件は七四六年（天宝五）七月に起った。この日、貴妃はつまらぬことで玄宗にねたみごとを言い、玄宗の怒りを買った。玄宗は高力士に命じて彼女を兄の楊銛《ようせん》の邸に下らせた。これは朝のうちの出来事であったが、どういうわけか、その日はひる時になっても玄宗はうかぬ顔で食事もすすまない。機嫌もわるく側近の者をいつもに似ず鞭で打って罰したりするありさまであった。玄宗の心の中のことなら何でもわかる高力士は、わざと宮中から楊貴妃のもとに御殿で使っていた道具類を沢山の車に載せて運び出させた。すると、なんと玄宗は、自分の食事を分けて同じく送りとどけさせるという挙に出た。高力士はこれで玄宗が自分の処置をすっかり後悔していると見極めたので、夜に入ると早速貴妃を許してくれるよう願い出た。玄宗はきっかけを待っていたのであるから即座に承知ということになり、めでたく一件は落着した。『資治通鑑』の結びには「コレヨリ恩遇イヨイヨ隆《たか》シ」とある。「雨降って地固まる」とはこのことであろうが、玄宗の気持の弱々しいところ、たわいもないところがよく出ている。

二度目の事件は七五〇年（天宝九）に起った。原因について「新・旧唐書」はいずれも記すことなく、ただ玄宗の気持にさからったので「外第に放出された」としか書いていない。しかし「長恨歌伝」の説明は次のごとくである。

この年二月、貴妃は玄宗の兄の寧王の秘蔵の紫玉の笛を勝手に持ち出して吹奏した。これを詩人の張祜《ちょうこ》が「梨花静院無人見　閑把寧王玉笛吹」（梨花静院、人の見るなし　閑に寧王の玉笛を把《と》りて吹く）と詩に詠んだ。玄宗はこれによって楊貴妃が寧王に非礼を犯したのを知って激怒したのである。

楊国忠は事態が悪化するのを恐れ、人を介してわびを入れてもらったところ、やがて宮中からは「差し許す」という口上を持って使者が到来した。貴妃は「わが罪は万死に当る」と言い、みずからの髪一束を切って玄宗に届けさせた。この事件もこれで一件落着となり、結末は『新唐書』には「帝見テ駭惋《がいわん》シ、ニワカニ召シ入ル。礼遇初メノ如シ」とあり、「長恨歌伝」には「上大イニ驚惋《きょうわん》シ、ニワカニ力士ヲシテ就キテ召シ以ッテ帰ラシム。自後《じご》、マスマス嬖《へい》ス」とある。「駭惋」「驚惋」はともに「驚き悲しむこと」、「嬖」は「寵愛すること」である。

第一の事件は全くの痴話喧嘩のようなものであり、第二の事件も根の浅い夫婦喧嘩のようなものである。どちらもすぐに「めでたし、めでたし」という結果になってしまい、かえって両人の情愛の深さを見せつけられる思いがする。

ある時、玄宗のところに合歓《ごうかん》（ねむの木）の実が送られてきた。「合歓」とは「歓《よろこ》びを合する、共にする」意で、夫婦の一緒に掛けて寝る夜具を「合歓被《ごうかんひ》」といい、夫婦和合の薬を「合歓秘《ごうかんひ》」というくらいであるが、玄宗はこの実を手のひらで弄《もてあそ》びながら貴妃に向って、

朕《われ》、卿《けい》（貴妃）トモトヨリ同一ノ体ナリ。歓《よろこ》ビヲ合スル所以《ゆえん》ナリ。

と言った。それから二人は並んで坐ってこれを食べた上、その食べているところを画家に描きとらせて後に伝えさせようとしたとのことである。これも「いいかげんにしてくれ」と言いたくなるような熱々の記事ではあるが、全体として十有余年にわたる玄宗と楊貴妃との宮廷生活はこのように優美で平和であり、情愛はことのほかこまやか、濃密すぎるほど濃密で、夫婦和合の典型のようなものであった。

楊氏一門がこぞってぜいたくをし、一部に専横の振舞があったとはいうものの、楊貴妃自身は一切政治に口出ししておらず、大土木事業を起して民を苦しめるようなことはしていない。南方から茘枝を早馬で送らせたというぜいたくが人の目をそばだてたとされているが、それ以外に進んで特別にひどいぜいたくをした様子がない。歴代の后妃がよくやるように他の后妃をいびり出したりしてもいないし、まして謀殺するようなむごたらしいことは何もし

ていない。玄宗との「愛欲」はよく人の言うところであるが、則天武后が巨根の男を好んで、その持主である美形の兄弟を引き入れて溺愛したようなスキャンダラスなことはどこにもない。のちに安禄山と男女関係があったという物語が仕立てられているが、これはあくまでも後世のほしいままな創作である。要するに玄宗と楊貴妃との間にあったものは「純愛」であったと言ってよい。

当時、宮廷詩人だった李白は玄宗のために「宮中行楽詞」一〇首を作って盛世を謳歌した。いまその八首が伝わっているが、その一つを次に示しておく。

（宮中行楽詞　その三）

盧橘為秦樹　　盧橘《ろきつ》は　秦樹《しんじゅ》と為《な》り
蒲桃出漢宮　　蒲桃《ほとう》は　漢宮《かんきゅう》より出《い》ず
煙花宜落日　　煙花《えんか》　落日《らくじつ》に宜《よろ》しく
糸管酔春風　　糸管《しかん》　春風《しゅんぷう》に酔う
笛奏竜鳴水　　笛奏《ふえそう》すれば　竜《りよう》　水《みず》に鳴き
簫吟鳳下空　　簫《しよう》　吟《ぎん》ずれば　鳳《ほう》空《そら》より下《くだ》る
君王多楽事　　君王《くんのう》　楽事《らくじ》多く
還与万方同　　還《ま》た万方《ばんぽう》と同じゅうす

「盧橘」はみかん、きんかん。「秦」は長安のあたり。「蒲桃」はぶどう。「漢宮」は漢の宮殿。ここでは玄宗の御殿を指す。「万方」は万国、天下を指す。

はじめに、みかんはもと異国の木の実だが、いまではこの国のものになり、長安の都で味わうことができる。ぶどうも西域わたりの果物だが、この宮殿の庭でも見ることができると、国の勢いのひろがりをたたえている。次に、霞たなびく暮れつかた、春風に乗って流れるさまざまな楽の音に人々が酔うさまを描き、おわりに天子が天下万民とともに喜びを同じくしていると結んで、御代の栄えを祝っている。

この時、玄宗は得意の絶頂にあり、「長安の春」はまっ盛りであった。

第四章　天下大乱

安禄山反す

「長安の春」「大唐の栄え」を一挙にひっくり返してしまったものは、安禄山《あんろくざん》と史思明《ししめい》の引き起した天下の大乱である。この乱は世に「安禄山の乱」とも「安史の乱」ともよばれる。

安禄山の出生の年はあきらかでない（七〇五年生まれという説もある）。その死は七五七年（至徳二）である。彼は営州の人である。ここはいまの中国東北部遼寧《りょうねい》省朝陽県に当る。父はソグド人、母は突厥《とっけつ》族の巫女《ふじょ》であったといい、景教との関係を説く人もいる。景教は唐代に大秦国から伝えられたので大秦景教ともいうが、キリスト教の一派ネストリウス派(Nestorianism）である。伝教者はペルシア人であった。

安という姓は母が再婚した相手の姓で、本名は軋犖山《あつらくさん》であり、これはアレキサンドロス(Alexandros）の音訳とも、ソグド語の光（ロクサン roxšan）の音訳ともされる。ソグドはイラン東部に住む原住民の部族名である。唐の姚汝能《ようじょのう》の『安禄山事迹《じせき》』にはその出生について次のような記述がある。

安禄山ハ営州ノ雑種ノ胡ナリ。小名ハ軋犖山、母ハ阿史徳氏、突厥ノ巫トナス。子ナ

進撃する安禄山の軍勢（『長恨歌絵入抄』）

シ。軋犖山ニ禱《いの》レバ神応アリテ生マル。是《こ》ノ夜、赤光傍《かたわら》ニ照リ、群獣四《よも》ニ鳴ク。気ヲ望ム者、妖星芒熾《ぼうし》シテソノ穹廬《きゅうろ》ニ落ツルヲ見ル。怪兆奇異、コトゴトク数ウベカラズ。ソノ母以ッテ神トナシ、遂ニ軋犖山ト命名ス。

まさに英雄伝説のスタイルである。『新唐書』逆臣伝では「生マルルニ及ビ、光、穹廬ヲ照ラシ野獣コトゴトク鳴クアリ」とあり、望気の者がこれを妖祥であると占ったので、范陽《はんよう》節度使の張仁愿《ちょうじんげん》が広く穹廬を臨験させ、さがし出して殺そうとしたが、家の者が匿《かく》しおおせて生命が助かったと記している。「穹廬」というのは胡人の住むドーム型の家屋で、いわゆる「包《パオ》」である。

性格は『新唐書』には「忮忍《ぎにん》多智ニシテ、ヨク人情ヲ憶測ス」とある。残忍で剛情なところがあったが頭がよく、人の気持を推しはかるのにすぐれていたということである。その生まれから言語を修得するのが早く、『新唐書』では「六蕃《りくばん》ノ語ニ通ズ」とされている。なお『安禄山事迹』では、これが「九蕃ノ語ヲ解ス」となっている。当時、中国東北部に雑居していた六種ないしは九種の異民族の会話を自由にあやつったということになるだろう。このため彼はその能力を生かして「互市牙郎《ごしがろう》」（貿易仲買人）や通訳のような仕事に就いていたようである。

その後の人生行路の詳細は明らかでないが、いつのころからか范陽節度使の張守珪《しゅけい》に認められて次第に頭角をあらわし、ついに范陽節度副使となる。伝にははじめ安禄山は羊を盗んで張守珪に捕えられ、処刑されかけた時、張守珪に向い「両蕃（奚と契丹）を亡ぼすつもりなら、私を殺してはならぬ」とすごんで見せて刑を免れたという話が載っている。伝には「守珪ソノ言貌ヲ奇トシテ、スナワチ之ヲ釈《ゆる》ス」とある。

幽州はいまの北京の北辺一帯の地方であるが、安禄山は日常から何かにつけてしきりに往来し、山川地理にくわしいばかりでなく、各地の言語に通じ人脈も持っていたであろう。張守珪の部下となってからは、その情報を生かして討伐作戦に功を立て、やがて欠くことのできない重宝な部将となった。そこでついには張守珪に乞われて養子となり、副使に取り立てられるに至った。彼は生来肥大漢であったが、張守珪に気に入られるために節食して減量に励んだということである。

知恵のはたらく安禄山は、いつまでも張守珪のもとで副使に甘んずるような男ではなかった。都から御史中丞の張利貞なる者が河北採訪使としてやって来ると、この人に媚びへつらって多くの金品を贈り機嫌を取り結んだ。張利貞は長安に帰ると、宮中で大いに禄山の人物と能力を吹聴した。計画は図に当って、朝廷は間もなく彼を平盧節度使兼柳城太守に任じた。その後も彼はたえまなく、宮中各方面へ金品贈与作戦を展開したので、彼の宮中での人気はあおられてゆくばかりであった。当時の宰相李林甫にも、もちろんとり入ることを怠りはしなかった。李林甫は宮中で彼と対立する儒臣たちが進出してくるのを抑えるために、蕃将である安禄山を対抗者として使おうと考えていた。

『旧唐書』の玄宗紀を見ると、七四一年（開元二九）七月に「幽州節度副使安禄山、営州刺史トナリ平盧軍節度副使トナル」とあり、越えて七四二年（天宝元）二月には「平盧節度使安禄山、階ヲ驃騎《ひょうき》大将軍ニ進ム」とある。ついで七四八年（天宝七）六月には「范陽節度使安禄山、実封及ビ鉄券ヲ賜ウ」とあり、七五一年（天宝一〇）二月には「安禄山、雲中太守、河東節度使ヲ兼ヌ」とあり、七五四年（天宝一三）正月には「安禄山ニ尚書左僕射《しょうしょさぼくや》ヲ加エ、実封千戸、奴婢十房、荘、宅各一区ヲ賜イ、又タ閑厩、五坊、宮苑、隴右群牧都使ヲ加ウ」とあり、つぎつぎに強大な権力を手中に収めていることが知られる。

安禄山がしきりに宮中に参内したのは開元年間のおわりころからである。もちろん玄宗への贈物を忘れるような彼ではなかった。もともと武人好きな玄宗はこの男が好きになり、彼が参内すると、かならず酒宴を開いてもてなした。七四三年（天宝二）の春に参内した時、彼は次のようなことを言っている。以下は『資治通鑑』の記事である。

（天宝）二年春、安禄山入朝ス。上、寵待《ちょうたい》甚ダ厚ク、謁見時ナシ。禄山奏シテ言ウ。去年営州、虫、苗《なえ》ヲ食《くら》ウ。臣香ヲ焚キ天ニ祝《いの》リテ云ウ、臣モシ心ヲ操《と》ルコト正シカラズ、君ニ事《つか》エテ忠ナラザレバ、願ワクハ虫ヲシテ臣ガ心ヲ食《くら》ワシメヨ。モシ神祇《じんぎ》ニ負《そむ》カザレバ、願ワクハ虫ヲシテ散ゼシメヨ、ト。スナワチ群鳥アリ、北ヨリ来リテ虫ヲ食イ、タチドコロニ尽ス、ト。

すこしも照れずに堂々と自分を売りこんでいるところがさっぱりとしていて、かえって玄宗の心をとらえているのかも知れない。
肥満漢であった安禄山は、腹が垂れて膝の下までとどくほどであった。みずから「腹重三百斤」と称していた。『資治通鑑』天宝六年の条には、その腹について次のような話が収めてある。

禄山上ノ前ニ在リテ、応対敏給ナリ。雑《まじ》ウルニ詼諧《かいかい》ヲ以ッテス。上嘗《かつ》テソノ腹ヲ指シテ曰ク「コノ胡、腹中何ノ有ルトコロゾ」ト。対《こた》エテ曰ク「更ニ余物ナシ。タダ赤心《せきしん》アルノミ」ト。上悦《よろこ》ブ。

とりもち上手で定評があったというが、「その太鼓腹の中には何が入っているか」と聞かれて「真心が一杯つまっているだけです」といけしゃあしゃあとして答えているところが見事である。貴妃となった楊貴妃にもさっそくとり入っている。当時三〇代のはじめであった彼は玄宗に頼んで、子供のいない楊貴妃の養子になりたいと申し出てこれを許された。そこで宮中では、まず貴妃に拝礼し、それから玄宗に礼を行なった。玄宗からこれをとがめられると、

臣ハコレ蕃人ナリ。蕃人ハ母ヲ先ニシ、父ヲ後ニスルナリ。(『旧唐書』)

と答えた。胡人の風習に従ったまでだというのである。
しかし彼のパフォーマンスは宮中のすべての人に好意的に受けとられていたわけではない。『資治通鑑』天宝六年の条には、

外、痴直ナルガゴトキモ、内ハ実ニ狡黠《こうかつ》ナリ。常ニソノ将劉駱谷《りゅうらくこく》ヲ京師ニ留マラシメ、朝廷ノ指趣ヲ詗《うかが》イ、動静皆ナ報ゼシム。

外面は愚かで単純なように見せかけながら、内面はずるがしこく、都には部将を常駐させ、宮中の動静を報告させて情報収集をしていたというのである。いまや彼は平盧・范陽・河東の三節度使を兼ねていたから、現在の遼寧省・河北省・山西省一帯をすべて支配権の下においてある。いつもは幽州（范陽、いまの北京周辺）にいたが、この近くには堅固な城塁を築き、これを「雄武城」と名づけ、武器・食糧などもおびただしくここに蓄積していた。しかし節度使は辺境防備を担当していたので、その名目は立った。一方、商人を保護し経済政策にも力を入れ、それによって得た金を宮廷外交と軍備の充実にまわした。

しかし経済力・軍事力が増大するにつれ、「安禄山謀反」の風評がどこからともなく世間にささやかれはじめた。安禄山に天下を狙う野心ありとして最初に入朝に反対したのは、宰相の張九齢であった。その後を襲った李林甫もはじめは彼を重用していたが、次第にその本心に疑惑を抱き、きびしい警戒の眼を向けるに至った。李林甫失脚後に登場した楊国忠も、巧みに玄宗や楊貴妃にとり入る安禄山を不気味にもまた不愉快にも思っていた。彼はしばしば、

「禄山反セン」

と玄宗に上奏した。けれども玄宗は直ちにはその言葉を受け入れようとしなかった。皇太子

の李璵も反安禄山派に属していた。李璵は玄宗に「安禄山ニハ兇逆ノ状、スデニ露《あら》ワル」と言上している。

胡人出身で節度使となり、吐蕃（チベット）攻略で名を馳せた哥舒翰《かじょかん》は玄宗の信任の厚い将軍であったが、元来、安禄山とは気が合わず、早くから楊国忠らと反安禄山派を形成していた。

安禄山の玄宗、楊貴妃への大接近と反比例して、宮中では反安禄山の包囲網が狭まりつつあったのである。安禄山は宰相の地位に就任したいと思い、玄宗に願い出た。玄宗も承諾し詔書の下書きもできたところで、楊国忠の反対にあって実現しなかった。楊国忠は「彼は文字の読み書きもできないので、国外からの使者と応対する時の体面もあり望ましくない」と述べたという。宰相案のつぶれたいきさつはこまかく安禄山の耳に達していた。禄山のために詔書の原案を作った張氏も責を負って左遷された。こうした内密のいきさつもすべて禄山の情報網を通じてなまなましくその耳に達していた。このことも安禄山謀反の原因の一つとされている。

たしかに軍事力・経済力で安禄山は皇帝権力に匹敵するだけの存在となりつつあった。しかし、もともと彼がはじめから唐王室を倒す意図を育てつつあったのかどうかはわからない。その謀反には楊国忠に圧迫され、追い込まれ、挑発されたところもあったのではないだろうか。

七五五年（天宝一四）一一月、范陽の本拠に立ち戻っていた安禄山は、意を決してこの地で反旗をひるがえした。その名目は「密詔を奉じて楊国忠を討つ」というものであった。『資治通鑑』によると、安禄山は一〇年以上も異志を抱いていたが、玄宗の恩寵を思い、玄宗崩御の後に旗揚げしようとしていたが、楊国忠に追いつめられて、この年に意を決したのだという。

『資治通鑑』同年の条にはまた次のようにある。

禄山コレヨリ意ヲ決シ、ニワカニ反セントス。ヒトリ孔目官・太僕丞厳荘《げんそう》・将軍阿史《あし》那承慶《なしようけい》ラニ密謀シ、自余ノ将佐ミナコレヲ知ルモノナシ。タダ八月以来、シバシバ士卒ニ饗《きよう》シ馬ニ秣《まぐさ》カイ、兵ヲ励マスヲ怪シムノミ。タマタマ、官、京師《けいし》ヨリ還《かえ》ルアリ。禄山イツワリテ勅書ヲツクリ、悉《ことごと》ク諸将ヲ召シ、コレニ示シテ曰ク「禄山ヲシテ兵ヲヒキイ、朝ニ入リ楊国忠ヲ討タシム。諸君ヨロシク軍ニ従ウベシ」ト。衆愕然《がくぜん》トシテ相顧《かえり》ミ、敢テ異言スル者ナシ。

「老《おい》ノ坂《さか》」を越えてはじめて部下に「敵は本能寺にあり」と打ちあけた明智光秀の故事が思いあわされるが、本拠地から洛陽・長安までの作戦図はすでに綿密に出来上がっていたという。

李林甫と楊国忠

玄宗治下、開元年間には姚崇《ようすう》、宋璟《そうえい》、韓休《かんきゅう》らの賢臣が廟堂に立って政治を補佐していたが、七三四年（開元二二）に張九齢が中書令・黄門侍郎となると、李林甫も礼部尚書となって朝廷の重鎮に浮上してくることとなった。この両人は互いに対立した。張九齢は詩人としても知られているように学問・文詞ともにすぐれた人物であった。一方、李林甫は無学であり、両人の肌合いのちがいも大きかった。そのころ玄宗が朔方《さくほう》節度使の牛仙客《ぎゅうせんかく》を重用しようとしたのを、張九齢が阻止しようとした。これを機会に李林甫は牛仙客と仲間を組み、玄宗に訴えて朝廷から張九齢を追放してしまった。七三七年（開元二五）のことである。のち、周子諒《しゅうしりょう》なる者が玄宗の怒りに触れた時、張九齢もかつてこの男を推薦登用した責任を問われ、さらに荊州大都督府長史に左遷され、翌年、郷里に帰ることを願い出て自家の墓所を拝したのち、にわかに病気にかかって世を去った。以後、李林甫は名実ともに実力者として権勢を振った。その期間は七三四年ころから始まり、およそ二〇年の久しきにわたった。彼は弁舌に巧みで、奸策に長じていた。帝に何事かを奏上する時も、前もって帝の左右に賄賂を贈っていたので、その意見が通らないことはなかった。当時、玄宗も次第に政治に倦《あ》き、楊貴妃をはじめとして宮中の人々との遊楽に気持を奪われることが多かったので、政治の運用もおおむね李林甫任せの様子であった。

李林甫は有能で政治に精励することでは人後におちなかったが、冷酷で慇懃《いんぎん》無礼で何よりも権力志向が強かった。いったん権力を手に入れると本性をあらわして、横暴ぶりを発揮しだした。能吏として将来を期待され次第に権力中枢に近づいて来た裴寛《はいかん》も、李林甫によって宮中から追放された。そのいきさつは『旧唐書』の列伝に次のようにある。

李林甫嘗《か》ツテ一白皙多《はくせきた》鬚《しゅ》ノ長丈夫、己ニ逼《せま》ルヲ夢ム。之ニ接スルモ去ルコト能《あた》ワズ。スデニ寤《さ》メテ言イテ曰ク「コノ形状、裴寛ニ類ス。寛、我ヲ伐ツヲ謀ルノ故ナリ」ト。故ニ李適之《りてきし》ノ党ニ因リテ、之ヲ斥《しりぞ》ケ逐《お》ウ。

夢に出てきて恐怖を与えた男に似ていたので大官を官位から落して追放したという乱暴な話で、信じがたいことであるが、これは正史の伝えるところであるから、一概に否定もできない。裴寛は『新唐書』の列伝によると、

ソノ政務ヲ為《な》スヤ清簡ナリ。莅《のぞ》ム所、人之ヲ愛シ、世ミナソノ宰相ヲ得ルヲ冀《こいねが》ウ。

とあり、人望で李林甫をおびやかしていたことが知られる。

李林甫の人柄については『開元天宝遺事』に「闘鶏ヲ索《もと》ム」と題して次のような記事がある。

李林甫、性狠狡《こんこう》ナリ。士心ヲ得ズ。行ク所ノ事アルゴトニ、多ク群議ニ協《かな》ワズ。而シテ面《めん》ニ和気ナシ。国人謂ウ「林甫ハ精神剛戻《ごうれい》ナリ。常ニ闘鶏ヲ索《もと》ムルガ如シ」ト。

「狠狡」というのは「ねじけてずるいこと」である。独断専行型で協調性がなく「面ニ和気ナシ」とされている。つねに闘争的でシャモのようだと評されている。

　口ニ蜜アリ、腹ニ剣アリ。

というのは、言葉は蜜のように甘いが、腹の中に恐ろしい剣が隠されているという意味で、うわべは親切だが、心の内は陰険なことのたとえとしていまでもよく使われている。これも李林甫についての次の話から出た句である。『開元天宝遺事』に「肉腰刀《にくようとう》」という条があり、次のように記している。

　李林甫、賢ヲ妒《ねた》ミ能ヲ嫉《ねた》ム。群議ニ協ワズ。奏御ノ際ゴトニ人ヲ陥《おとしい》ルル所多シ。衆、林甫ヲ謂イテ「肉腰刀」ト為ス。又タ云ウ、林甫ツネニ甘言ヲ以ッテ人ノ過《あやまち》ヲ誘イ上《しよう》ノ前ニ譖《そし》ル。時人皆ナ謂イテ曰ク、（中略）「李公ハ面ニ笑容アレドモ、肚中ハ鋳剣《ちゆうけん》ナリ」ト。人日々憎怨スルコト、異口同音ナリ。

賢者や能吏をねたみ、玄宗に奏上することのあるごとに讒言《ざんげん》をして人を陥れたので「肉腰刀」（動く刀）とよばれていた。また甘言で人を誘導して口を開かせ、その聞いたことを天子につげ口して人を左遷させたりするので、たとえ顔は笑っていても腹の中には恐ろしい剣がひそんでいるとして憎まれていたのである。

　しかし天子にとり入ることには長《た》けていたので、玄宗の信頼は厚かった。『新唐書』姦臣伝の李林甫の条には次のようにある。

林甫ヨク上ノ意ヲ刺《うかが》ウ。時ニ帝春秋高シ。聴断ヨウヤク怠リ、縄検《じようけん》ヲ厭《いと》ウ。（中略）林甫ヲ得ルニ及ビ之ニ任ジテ疑ワズ。林甫ハヨク君ノ欲ヲ養ウ。是ヨリ帝深ク燕適《えんてき》ニ居リ袵席《じんせき》ニ沈蠱《ちんこ》シ、主徳衰《おとろ》ウ。

「刺ウ」は「推し量ること」、よく気がついて悟ることである。林甫は玄宗の気持を読むのが巧みであった。当時、玄宗は六〇代に入り、往年の気鋭の天子の冴えはなくなっていた。「縄検ヲ厭ウ」とは「面倒なことが嫌いになっていた」という意である。したがって政治向きのおおかたのことは宰相一任ということにしてしまった。林甫も上手に天子をあやつり、天子は遊宴三昧に耽った。「袵席ニ沈蠱ス」とは女色に迷うことであり、楊貴妃との愛欲生活に溺れていったことを指す。

『新唐書』はさらに、

林甫、相ノ位ニ居《お》ルコト、オヨソ十九年、寵ヲ固クシテ権ヲ市《う》リ、天子ノ耳目ヲ蔽《おお》イ欺キ、諫官皆ナ禄ヲ持シ資ヲ養イ、敢テ正言スル者ナシ。

と記している。

闇将軍のように絶大な権勢で下に臨み、諫言を呈すべき職責のある宮中の諫官たちも、みな保身に汲々としていて、これを批判する者は一人もいなかったというのである。官僚たちも群をなしてその私邸を訪ねて指令を受ける有様で、宮中の役所は空《から》となり、左相の陳希烈が執務のために来ていても、ここに入ってくる者がいなかったという。

こうなると李林甫も女色に耽りはじめた。姦臣伝には、
　車馬衣服侈靡《しび》ナリ、尤《はなは》ダ声伎《せいぎ》ヲ好ミ、侍姫房ニ盈《み》ツ。男女五十人アリ。

とある。「侈靡」はぜいたくなこと。「声伎」は「歌姫」である。房内に仕えた男女五〇人とあるから、寵童なども多く抱えていたことになる。

　まさに飛ぶ鳥を落す勢いであるが、当然ながら、ひそかに憎しみを燃やす人たちも多かった。伝には次のようにある。

　林甫、ミズカラ怨ヲ結ブ者ノ衆《おお》キヲ見ル。刺客ノヒソカニ発スルヲ憂エ、ソノ出入ニハ騶騎《すうき》ヲ広クシ、百歩ヲ先駆セシメ、金吾道ヲ清メ、公卿辟易《へきえき》シテ趨走ス。

刺客を恐れて行列には幅広く騎馬武者を配置し、護衛の役人が厳重警戒で先導するということである。また言う。

　居ル所ハ関ヲ重ネ壁ヲ複ニシ、一夕ニ再ビ徙《うつ》ル。家人モ亦《ま》タ知ルナキナリ。

家には関門を二重にめぐらし、壁も二重にしただけではなく、危険を避けるため、一晩のうちでも随時に部屋を移ってゆくので、彼がいまどこに寝ているのか、家人でも知らなかったという。

　その経歴を見ると、黄門侍郎・礼部尚書などを経て宰相の位についたのが七三四年（開元二二）である。科挙出身者を嫌い、張九齢や財政家の裴耀卿を退けて七三六年（開元二四）には中書令となった。この間、武恵妃にとり入って寿王を皇太子にするため奔走したりし

た。権力集中のためにその後彼が追放したのは、前述の裴寛のほか、李適之《りてきし》、韋堅《いけん》、皇甫維《こうほい》明《めい》らがいた。反対勢力を抑える目的で異民族出身者を任用する政策をとり、安禄山の台頭を許すことになったのも彼によってなされたことであった。その彼も七五二年（天宝一一）に長安の平康坊の邸で病のため世を去った。

晩年の李林甫とはげしく対立していたのは楊国忠であった。この年、李林甫に代って宰相となった楊国忠は、さっそく李林甫を告発した。それは彼が突厥の将阿布思《あぶす》と結んで謀反を企てていたという口実であった。

もとより根拠のないことであるが、李林甫は断罪されることになり、死後に官爵をけずられ庶民とされ、子の李岫《りしゆう》らも遠く嶺南に流される身となってしまった。楊国忠の顔は、李林甫がかつて夢のなかで出会って恐怖を起させたのを理由で殺した裴寛に似ていたという。

楊国忠は楊貴妃との縁で立身し、手腕ありとして七四八年（天宝七）に給事中兼御史中丞の官に就いた。以後、天下の財政についての実権を掌握することになり、次第に李林甫の勢威を脅かす存在となってきた。国忠の名も玄宗から与えられたものである。李林甫と楊国忠は水面下ではげしく争い、互いに他を陥れるために策を練った。しかし両者ともに玄宗の信任が厚く、ともに破局には至らなかった。李林甫死後、その一派を追い落して宿願を果したが、楊国忠にはいま一人の天敵がいた。それは安禄山であった。安禄山は宮中に接近したころは李林甫と結びついていたが、「沈密な用心」に定評のあった李林甫はやがて早くも安禄山の人物に危険性のあることを察知し、警戒を怠らなかった。剛毅な安禄山も李林甫の前に出て話をする時は声も震え、会見して引き下ったころには全身汗で濡れていたという。人間としてすごい風圧のあった人なのであろう。

これにくらべると、楊国忠は才智を持ち合せていても人物としては大分劣るところがあり、安禄山もこの人にはあまり重きを置いていなかった。安禄山が玄宗にとり入り、節度使としての力量が急成長してゆくにつれ、楊国忠の安禄山排撃も真剣なものとなってきた。両者は性格的にも反目していた。

安禄山を宮中から排除しようとして、楊国忠はしばしば玄宗に「安禄山に天下を望む野心あり」と奏上して追放を決断するよう迫った。しかし玄宗はこの意見を快く思っていなかった。范陽にいる安禄山は楊国忠の意図を知り、都でつねに自分に不利な策謀の行なわれていることを憂えていた。このため、御史中丞の吉温《きつおん》をとりこんで、長安における自分の代理人の役をさせることにした。吉温はまた安禄山のために楊国忠の朝廷における動静を逐一范陽に送る役目を果していた。

しかし楊国忠は逆に自分の手の者を使って禄山の不正をあばき、京兆《けいちょう》の尹《いん》に命じて都にある禄山の邸を囲み、安禄山と気脈を通じていた侍御史の鄭昻《ていぼう》を御史台で縊殺《いさつ》し、安禄山の探題を以って任じていた吉温を逮捕して広東の合浦《ごうほ》に放逐するという挙に出た。こうしておいて楊国忠は、しきりに口実を設けて安禄山に長安に来て参内することを要請した。安禄山はそれがワナであると考え、病気を口実にことわりの手紙を送ったりして対抗していた。楊国忠の策動によって、安禄山の疑心暗鬼がつのり、破局の日の到来が加速していったと見ることができる。

さきに李林甫によって朝廷から追放されて政界を去った張九齢について、逸話を二つここに記しておく。彼には「照鏡見白髪」（鏡に照らして白髪を見る）という詩がある。罷免されて再び登用されることのないのを知り、慨然としてこの詩を作ったという。作者を張九齢と特定できないという説もあるが、『唐詩選』などにも収められていて名高い。五言絶句《ごごんぜつく》の次の一詩である。

宿昔青雲志　蹉跎白髪年
誰知明鏡裏　形影自相憐

宿昔《しゅくせき》　青雲《せいうん》の志　蹉跎《さた》たり白髪の年
誰か知る　明鏡の裏《うち》　形影《けいえい》自ら相憐《あいあわ》れまんとは

若かりし日は青雲の志を抱いて、世のため国のために大いに為《な》すことあらんと思っていたが、あにはからんや挫折によって思うに任せず、いつしかこの白髪の年になってしまった。誰がかねて思っていたであろうか、鏡にうつるわが影とわれ自身とが互いにさびしく憐れみあうことになろうとは。

「蹉跎」は「つまずく」「中途で失敗する」の意。

張九齢は広東省曲江の人で、進士に合格し、玄宗に仕えて厚く信任された。つねに正論を持し、誰に対しても憚ることなく直言した。威風堂々としており、玄宗は左右の者に向い「張九齢を見ているだけで精神が緊張してくる」と語っていた。安禄山の台頭を許すなという意見を早くから唱えていたのも彼である。後年、安禄山の軍に迫られて蜀に逃げのびた玄宗は、張九齢の進言を容《い》れなかったことを後悔し、その先見の明を賞したと伝えられる。

『開元天宝遺事』には、彼が少年時代に伝書鳩を飼っていたという次の記事がある。

張九齢少年ノ時、家ニ群鴿《ぐんごう》ヲ養ウ。ツネニ親知ノモノト書信往来スルニ、タダ書ヲ以テ鴿《はと》ノ足ニツナギ、教ウル所ニ依ラシムレバ、飛ビ往キテ之《これ》ヲ投ズ。九齢之ヲ目シテ「飛奴」トナス。時ノ人訝《あや》シマザルハナシ。

古代オリンピックで、ギリシアの各都市が伝書鳩を用意して、競技の勝利の知らせを入手したという記録があるが、当時の中国ではめずらしいことだったのかも知れない。

潼関の攻防

安禄山の引きつれた軍勢はふつう「蕃漢一五万」といわれる。節度使麾下《きか》の漢人の兵士たちとともに、朔北《さくほく》の地で安禄山が次第に自分の軍隊に組みこんでいた奚《けい》や契丹《きったん》など異民族の兵卒たちも多数まじっていた。

『資治通鑑』天宝一四年の条には、

十一月甲子、禄山部スルトコロノ兵オヨビ同羅《どうら》・奚・契丹・室韋《しつい》スベテ十五万ノ衆ヲ発シ二十万ト号シ、范陽ニ反ス。

とある。実勢一五万、これを二〇万と号して一路南下を開始したのである。

「長恨歌」には次のようにある。

漁陽鼙鼓動地来
驚破霓裳羽衣曲

漁陽《ぎょよう》の鼙鼓《へいこ》　地を動かして来《きた》り
驚破《きょうは》す　霓裳羽衣《げいしょううい》の曲

漁陽は郡名で、いまの河北省薊《けい》県一帯を指す。白楽天はこれを范陽の古名として使ったのである。「鼙鼓」は陣太鼓、攻め太鼓である。一五万の大軍がじわりと南下しはじめたのを「地を動かして来り」と表現している。謀反のしらせは七日たって長安に達したという。驪山のふもと華清宮にいた玄宗は、ただちに馬車をめぐらせて都に帰還した。宮中内外の人々はみな色を失った。「驚破」はおどろくこと。破は添え字で、「踏破」「読破」などの破と同じく「破る」という意味はなく、二文字にして動詞を安定させているだけのもの。離宮で「霓裳羽衣の曲」を演奏して太平に酔っていた宮廷人たちを愕然とさせたということである。

朝廷ではまず当時長安に留まっていた安禄山の息子安慶宗を斬罪に処し、その妻には死を賜わった。慶宗の官位は太僕卿であった。ついで詔勅を発して安禄山に「帰順せよ」と勧告した。

各地でも安禄山の来攻に備えて兵を募り、官庫から武器を取り出したが、いずれも腐朽して、その多くは用をなさなかった。兵士たちに渡されたのは「梃《てい》」という名の棍棒だけであった。これではいままで北辺でいくさをくり返し、すぐれた武器を持ち訓練の行き届いている賊軍に立ち向うことはできない。

南下軍は一日四〇キロの行程で進んだ。ルートは現在の京広鉄道沿いの平野である。まさに疾風の勢いであった。行く先々どこも軍を迎える準備がととのっており、安禄山は人々に金帛を与えて慰撫に努めた。行くところ敵なく、すべて賊軍になびいた。博陵・趙・鉅鹿《きょろく》・鄴《ぎょう》を陥れ、やがて大軍は黄河に達した。時あたかも厳冬であった。ここで河に草を投げこみ、樹木を切り倒してこれも河に入れ、縄で舟をつなぎ筏を集め、河の面を結氷させて黄河を押し渡り、そこから一挙に洛陽に迫った。河に草を投げこんで渡河をするのは古兵法にも「舟梁之備　水草之資」という句があり、よく用いられた戦時工法である。

洛陽は黄河の支流である洛河の北にあるので、その名が生まれた。附近は小盆地をなし、華北平野と渭《い》水《すい》盆地を結ぶ交通上の要地として発達した。唐代では副都として東都、東京、神都などとよんでいた。運河によってはこばれた江南の物資がここで集散されたので、経済上でも重要な拠点であった。ここの守りについていたのは封常清《ほうじょうせい》である。彼は賊の大軍なのを恐れ、さして戦わずして陝《せん》州に逃げ去った。東都留守の官にいた李憕《りちょう》と御史中丞の盧奕《ろえき》とは賊軍につかまって殺され、河南の尹《いん》であった達奚珣《たつけいじゅん》は降ってその臣となった。当時、陝州にいた高仙芝《こうせんし》は封常清が逃げこんでくると、軍を移動させて潼関《どうかん》の守りを固くして賊軍に備えた。官軍総くずれのなかでわずかに気を吐いたのは顔杲卿《がんこうけい》である。彼は安禄山の管轄地内で常山太守に任じられていたが、洛陽陥落の報に接して義兵を挙げ、賊軍の退路を絶つ作戦に出た。従兄で現在書家として名高い顔真卿《がんしんけい》も平原郡でこれに呼応し、常山・平原両郡だけは一時官軍が大いに威を振った。

官軍の抵抗が弱かったため、洛陽の東都の宮殿はそのまま残されていた。賊軍は各地に転戦し、四方郡県の兵衆も加担してその勢力は拡大の一途を辿った。事を挙げて二ヵ月、七五六年（天宝一五）正月に、安禄山は洛陽の宮殿でみずから「大燕皇帝《だいえんこうてい》」と称し、年号を「聖武」と改めた。息子の安慶緒《あんけいしょ》を「晋王」、安慶和を「鄭王」とし、降伏した達奚珣を「左相」としたほか、百官を任命した。

安禄山が洛陽にとどまり、あえて西進して長安に入ろうとしなかったのは、東都洛陽の宮殿の荘厳雄大なのに満足してしまったためでもあるが、潼関を核とした官軍の守りが意外に堅固なのを知ったためでもある。河北で転戦して安禄山の盟友史思明の軍をしばしば破った官軍の名将李光弼《りこうひつ》も、手ぐすね引いて安禄山の動きを待っていた。弱気となった安禄山は戦

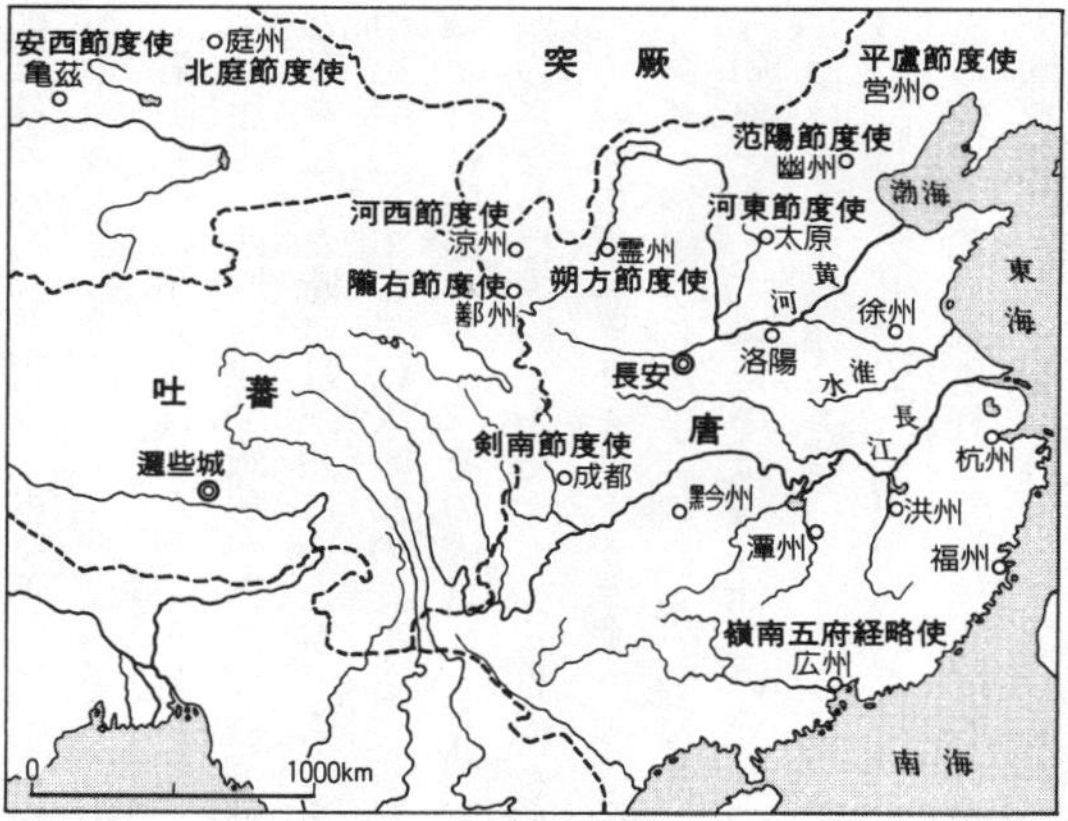

十節度配置要図

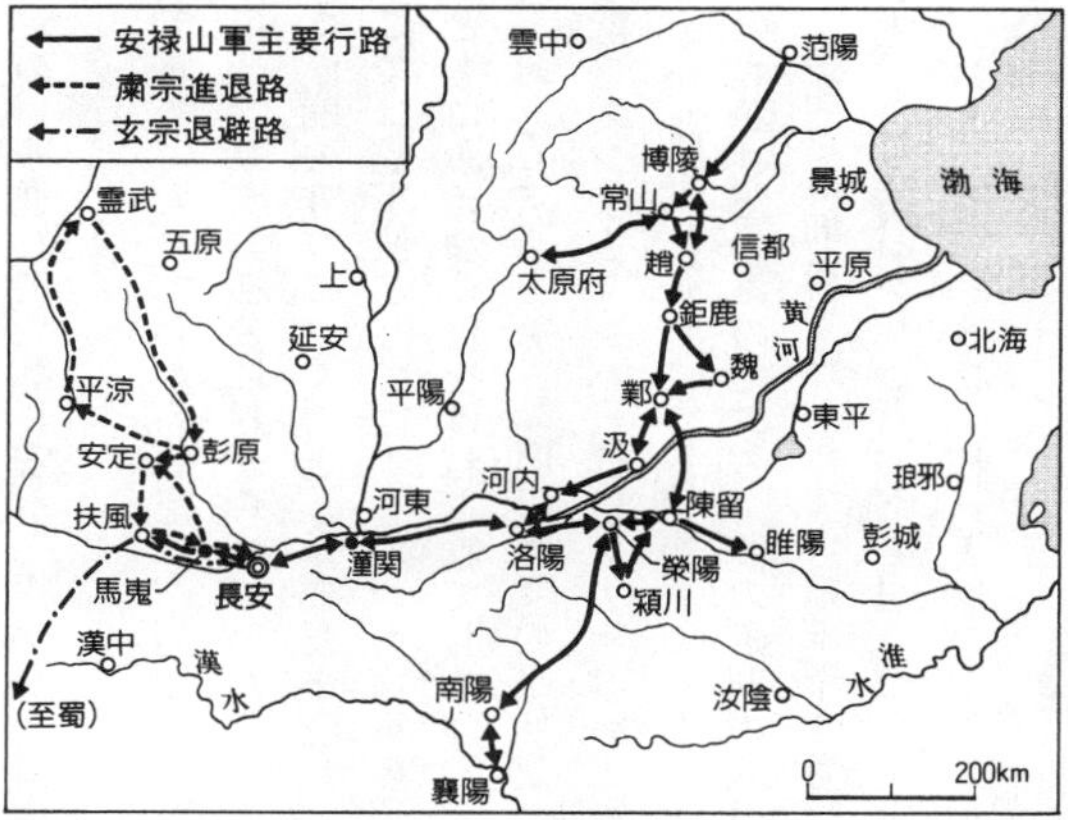

安禄山の進軍図

かし始めた。

利あらずと予測し、故城范陽へ帰還しようかとまで思うようになった。しかし安禄山は田乾真《でんかんしん》なる者の勧告を聞き、再び勝負に出る決意を定め、西進して大都長安へと軍勢を一斉に動かし始めた。

洛陽から陝州に逃げこんで来た封常清を伴って潼関に入っていた高仙芝は、高句麗人で玄宗に仕え、西域討伐で戦功があり、右羽林大将軍となり密雲郡公に封ぜられていた。安禄山が乱を起した時には陝州にいたが、ここを捨てて潼関の守りにつくことが重要だと考え、敵中を突破してここに入ったのである。しかしここでは監軍使として従軍していた宦官の辺令誠《へんれいせい》と折合いがわるく、その讒言《ざんげん》により封常清とともにあえなく首をはねられてしまった。国難のさなかに内紛によってあたら良将を死に追いやったのである。『旧唐書』の高仙芝の伝にも「賊騎関《かん》ニ至ルモ、スデニ備アリ、攻ムル能《あた》ワズシテ去リシハ、仙芝ノ力ナリ」と記してある。洛陽から小手調べに来た安禄山の軍をその都度追い返して、「官軍手ごわし」という印象を与えていたのは、高仙芝の守りの固さのおかげだったのである。彼の処刑の理由の一つは官物を横領したということにあったが、高仙芝は刑場で整列している部下たちに向い、「いま辺令誠が私が横領したと言っているが、もし諸君が私が有罪だと思うなら実と言え、無実と思うなら枉《おう》と言え」と呼びかけると、兵士たちは一斉に「枉」と叫び、その声は大地をゆるがしたという。

高仙芝の後任として起用されたのが哥舒翰《かじょかん》である。彼は哥舒の二文字が姓で翰が名である。雑胡とよばれる少数民族突騎施《とつきし》の出身で、姓の哥舒はもともとその部族名である。四〇歳を過ぎてから発憤《はっぷん》して武人となり、吐蕃攻略に武功を立て西平郡王に封ぜられ、七五四年（天宝一三）には太子太保、御史大夫の官も兼ねていた。玄宗の信任も厚かった。蕃族の出身ながら好んで漢籍を読み、『春秋左氏伝』や『漢書』にも親しんでいた。財物を軽んじ気骨を重んじたので、部下からも心服されていた。しかし一面、彼には飲酒を好み女色に耽る癖もあり、当時は健康をそこね中風にかかって長安に帰って臥床して日を過していた。病人ではあるけれども、玄宗はこの天下第一の信望のある名将に潼関の守りを託したのである。

潼関は洛陽と長安の中間、陝西省の東端にある。古くは桃林塞といった。周の武王が牛を放ったところで、『書経』に「馬ヲ華山ノ陽ニ帰シ、牛ヲ桃林ノ野ニ放ツ」とあり、宋代の『太平寰宇記《かんうき》』には「（霊宝）県ヨリ以ッテ西潼関ニ至ルマデ、皆ナ是ナリ」とある。南流してきた黄河はここで華山に衝き当り、屈曲して東に向うことになる。地形がけわしくて、中原から関中に入るための最大の要地であり、長安の生命線である。

安禄山の軍勢は洛陽の手前の陳留で大虐殺をし、洛陽市内でも乱暴狼藉を働き、軍紀がゆるんできていた。部将たちの間にも内部分裂のきざしがあった。その時「彼を知り己を知る」名将哥舒翰は、戦局を大観しており、天険の利のある潼関にこもり持久戦にもちこむことが最上だと考えていた。関を出て戦えば地形的にも不利であった。哥舒翰ばかりでなく、官軍側の猛将郭子儀《かくしぎ》、李光弼らの意見も同じであった。しかし長安からの指令は「出でて戦え」の一点張りであった。それは主として楊国忠の画策である。楊国忠はもともと哥舒翰とは不仲であった。彼はこの期に及《ご》んでも宮廷内の権力闘争図に固執していた。彼は哥舒翰が救国の英雄として人気が出て、勢力が急増することを嫌っていた。また籠城を主張するのは安禄山と密約があり、内応してともに長安に攻めこんでくるつもりではないかと疑っていた。哥舒翰の反転に備えて、長安の前方にシフトの兵を配置したりもした。哥舒翰が異民族出身なので、同じ蕃族の安禄山と気脈を通じやすいというのがその理由であった。玄宗もこの時はその意見に動かされていた。

潼関堅守についての哥舒翰の上奏文は『旧唐書』の伝に次のようにある。

禄山河朔ヲ窃《ぬす》ムトイエドモ人心ヲ得ズ。請ウ持重シテ以ッテコレヲ弊《つか》レシメ、彼ノ心離ルルニ因リテ之ヲ翦滅《せんめつ》セン。兵ヲ傷ツケズシテコノ寇《あだ》ヲ禽《とりこ》ニスベシ。

また次のようにも言っている。

賊兵ハ遠クヨリ来ル、利ハ速戦ニアリ。イマ王師ハミズカラソノ地ニ戦ウ。利ハ堅守ニ在リ。カロガロシク出ズレバ利アラズ。モシカロガロシク関ヲ出ズレバコレソノ算ニ入ラン。乞ウ更ニ事勢ヲ観ラレヨ。

討って出れば「敵の算」(思うつぼ)にはまるというのである。病中とはいえ、名将の判断力は衰えていなかったのである。しかし玄宗は切々と説く哥舒翰の言葉に耳を傾けなかった。身近にいる楊国忠の思惑に動かされていたのである。長安からはくり返しくり返し出撃を命ずる使者が送られてきた。とうとう拒みきれず、不利を承知で哥舒翰は将兵たちに出陣を命じた。二〇万の官軍が潼関からくり出されたが、前途は南は険しい山にはばまれ、北は黄河に臨んでいた。この七十余里つづく狭い道を縦列に進んだ兵士たちは、先を争って隊伍はととのわず、はじめから混乱におちいっていた。敵将崔乾祐《さいけんゆう》は謀略家であり、前々から何の備えもしていないという風評を故意に流していた。手兵もわずかに数千と思われていた。すべてが潼関の兵を関から引き出すためになされていた。官軍が前進して来ると、戦もせずいきなり逃げるそぶりをした。猛追に遭うとさらに走って、かねて伏兵をかくしているあたりまでなだれこませた。不用意に勢いこんで殺到したところへ伏兵がわっと一斉に蜂起し、山の斜面からは木石が投げ落とされた。折からはげしい東風が吹いて来た。崔乾祐はこれを待っていた。満を持して、かねて用意の草車数十台に一斉に火を放った。煙はもうもうと立ちこめて天地にみなぎった。煙と火焔につつまれて官軍の将卒は息もできず目も見えず、パニックを起し、進退に窮して黄河に転落して死者は数万に達した。総くずれの陣容のなか哥舒翰は命からがら潼関の西方に逃れ、残兵八〇〇〇を集めて再起を図ったが、部下に裏切られて安禄山の手にとらわれてしまった。

縄につながれた哥舒翰を前にして安禄山は言った。

汝、常ニ我ヲ軽ンズ。今日如何《いかん》。

これは誰でも一度は言ってみたいセリフである。二人は玄宗のもとで長いこと反目し合っていた仇敵であった。心身ともにうちひしがれた哥舒翰は、ただひれ伏して憐れみを乞うほかはなかった。安禄山はしばしの間、彼を生かしておいたが、利用価値がないのを見極めると、あっさりと殺してしまった。

潼関の陥落は七五六年（天宝一五）六月九日のことである。安禄山の軍勢はここに一〇日留まって長安への最後の進軍を始めた。前途をさえぎるものはもはやなきにひとしかった。「潼関破らる」の報を聞き、黄河南北の諸軍に派遣されていた防禦使たちも守備隊たちも、すでに四方に離散していたからである。

第五章　玄宗蜀幸《しょくこう》

馬嵬《ばかい》事変

七五六年（天宝一五）六月九日に潼関が賊の手に落ちた。急報は一一日に長安に届いた。楊国忠は百官を朝廷に集めた。善後策は何も示されなかった。宮中で集りのあったことは市民にも伝わった。市中は俄然混乱状態になった。賊軍の陳留での大虐殺や洛陽城内での暴行はすでに広く人々に知られていたからである。

楊国忠はひそかに玄宗とはかって長安脱出を計画していた。一二日は崔光遠《さいこうえん》という者を京《けい》兆《ちょう》の尹《いん》に任じ、併せて西都留守の職に就かせた。京兆は長安以下一二県を指《さ》し、京兆の尹は都知事と警視総監を兼ねるようなポストである。いわば長安防衛の責任者である。宮門の鍵の管理は宦官の辺令誠《へんれいせい》に任せた。この日夕方、竜武大将軍の陳玄礼《ちんげんれい》に天子護衛の命を下し、軍隊を整備させた。楊国忠の考えていたのは蜀に落ちのびること、すなわち「蜀幸」である。蜀は楊氏の故地であり、彼も剣南節度使に擬せられたことがあり、人的つながりも多かったからである。朝廷の厩舎からは馬九百余頭がひき出された。すべて秘密裡に運ばれた。公表すれば廷臣たちの間から反対が起り、事が遅延することが明らかだったからである。皇族にも知らせず、宮人たちの多くも気がついていなかった。

六月一三日、まだ夜の明けやらぬうちに、玄宗、楊貴妃、韓国夫人、虢国夫人《かくこく》、秦国夫人、皇子、禁苑にいた妃、公主、皇孫、および楊国忠、韋見素《いけんそ》、魏方進《ぎほうしん》、陳玄礼、高力士と親近の宦官、宮人らを従えて、蜀幸の一行は禁苑西門「延英門」から滑り出た。薄暗の空からしきりに雨が落ちていた。

当時、禁苑外にいた妃、公主、皇孫らは、この一行には入れられず、すべて見棄てられてしまった。

行列が宮中の左の土蔵の前を通過する時、楊国忠はこの蔵を焼きすてるよう進言した。賊のために盗まれるなら、いっそ焼いてしまえということである。しかしこの時、玄宗は襟を正して言った。

もし賊が攻め上って来て、必要な財貨を手に入れないと、必ず万民から徴収するであろう。それよりはいま宮中にある財貨はそのままにしておいて賊に与え、重ねてわが赤子《せきし》ともいうべき人民を苦しめないようにしたほうがよいぞ。

この急場にあっても仁慈の心を失わない美談としていまに伝わる話であるが、出典は唐の李徳裕の撰といわれる『次柳氏旧聞《じりゅうしきゅうぶん》』の次の一文である。

蜀へ逃れる玄宗（『長恨歌絵入抄』）

玄宗西幸ス。車駕延英門ヨリ出《い》ズ。楊国忠請ウ「左蔵庫ヨリ去ラント」。上之ニ従ウ。望見ス千余人火炬《かきょ》ヲ持チテ以ッテ候《うかが》ウ。上蹕《ひつ》ヲ駐《とど》メテ曰ク「何ゾ此ヲ用《も》ッテナスヤ」ト。国忠対《こた》エテ曰ク「請ウ庫積《こし》ヲ焚キテ盗ノタメニ守ルナカラシメン」ト。上容《かたち》ヲ斂《おさ》メテ曰ク「盗至リテ、モシ此ヲ得ザレバ、マサニ民ヨリ斂《おさ》メン。之ヲ与エテ重ネテ吾ガ赤子ヲ困《くる》シムルナキニ如《し》カズ」ト。命ジテ火炬ヲ撤《てっ》シテ後行《さ》ル。聞ク者ミナ感激シテ涕《なみだ》ヲ流ス。迭《たがい》ニ相謂イテ曰ク「吾ガ君ノ民ヲ愛スルコト此《かく》ノゴトシ。福イマダ艾《つ》キズ」ト。

「火炬」は「松明《たいまつ》」である。この松明で蔵に火をつけようとしていたのである。「蹕《ひっ》」は「天子の車」である。玄宗の言葉を伝え聞いた人民は、その民をいつくしむ心に感激して涙を流し、「このようであればわが君の御運はまだ尽きることはない」と言い合ったという。

一行は次に長安城の西にある「便門」に達し、ついで渭水に架けられた「便橋」を渡った。一行が渡りおえると、楊国忠はこの橋を焼き落そうとした。賊の追撃を断とうとしたのである。しかしここでも玄宗はこれをとめて、次のように言った。

この橋を焼いてしまったならば、人々が賊の横行する長安から抜け出せなくなってしまうではないか。

この記事は『旧唐書』の玄宗紀にある。

平明ニ便橋ヲ渡ル。国忠、橋ヲ断タントス。上曰ク「後ニ来ル者、何ヲ以ッテカ能《よ》ク済《わた》ルヤ」ト。

その日の昼食の時刻に、ようやく咸陽県の東にある望賢宮に着いた。しかし一行の先駆をしていた宦官の王洛卿は、一足先にここに着くと、県の長官と語らっていずかたへか逃亡していた。県からの接待を受けることができなくなってしまったので、楊国忠は玄宗のためにみずから町の市場に行き「胡餅《こべい》」を買い、これを袖に入れてもち返り、玄宗に献上するという有様であった。楊貴妃以下の宮人はみな飢渇《きかつ》に瀕していた。陳玄礼は約二〇〇人の兵士をひきいて供に従っていたが、兵士たちももちろん食にありつくことができなかった。この時、周囲にはようやく咸陽地方の人民たちが集まってきた。彼らは一行の危難を見て同情し、麦や豆をまじえた食物を差し出して人々に振舞った。玄宗はこれらにみな代価を払い、心から厚く慰労した。人々は天子のいたわしさをまのあたりにして泣き、玄宗も袖で涙をぬぐった。

その日、夜半、長安の西五六キロの金城県に辿りついた。ここでも県の長官は逃亡していた。ともすべき灯りもなく、人々は互いの身を枕として床につき、暗闇の中で不安の一夜を明《あか》した。

六月一四日丙辰の日に、一行は馬嵬《ばかい》という集落に着いた。陳玄礼のひきいる二〇〇の兵士たちは、飢え疲れてもう進む気力を失おうとしていた。ろくろく食糧の用意なく旅立たされ、遠い蜀国につれてゆかれる身の不運をかこち、憤懣は心にうずまいていた。とりわけいまや「墜《お》ちた偶像」となった宰相楊国忠へのにくしみが強かった。「楊国忠を討つ」という名目をかかげた安禄山の唐朝へのボディブローがだんだんきいてきたのである。人々の眼をそばだてたきのうまでの栄華と専横も癪《しゃく》のタネだった。哥舒翰を死に追いやった不当な処置も知れわたっていた。陳玄礼は兵士たちの気持を代弁して玄宗のもとに奏上した。

安禄山挙兵の名目は楊国忠を誅することにあります。朝廷内外でも多くの人が楊国忠をこぞって忌み嫌っています。国家の危急を救うためにも、楊国忠一派を処断して頂かなくてはなりません。

この奏上が玄宗のもとに達すると、玄宗はひどく考えこんでいたが、まだすぐには処置はとらなかった。いかんともしがたい問題であったのは言うまでもない。ところがその時、吐蕃の使者二一人がこの地に来ていて、楊国忠の馬前をさえぎり、自分たちに食物がないことを訴えていた。これを見た兵士たちは「楊国忠が蕃人と謀反を相談しているぞ」と一斉に騒ぎ出し、楊国忠の馬を押し包み、逃げる楊国忠を追って馬嵬の集落の西門の内で殺し、その死体を割いた上、その首を槍につけて門外に掲げた。これにつづき、国忠の子の戸部侍郎楊《よう》喧《けん》も韓国夫人も秦国夫人も虢国夫人も次々に兵士たちによって殺された。御史大夫の魏《ぎ》方進《ほうしん》が兵士たちのところに来て、

汝らはなぜ宰相を殺したのか。

と難詰すると、今度は魏方進までもが殺されてしまった。虢国夫人が殺された時「汝らは官軍なのか賊軍なのか」と叫ぶと、兵士らは「そんなことは関係ないだろう」と怒鳴ったという。玄宗側近の韋見素《いけんそ》も兵士たちに襲われ、むち打たれて脳血がとび出るありさまとなった

が、人々がみな「韋相公を殺してはならぬ」と唱えたため、かろうじて死を免れた。まさに無法状態が現出してしまったのである。

玄宗は騒動を聞きつけ杖をついて駅前まで出て、兵士たちを慰撫し、刃を引き、隊を収めよと説いたけれども、兵士たちは押しだまったまま依然として立ち去ろうとしなかった。そこで玄宗は高力士を通じて陳玄礼に理由をたずねさせた。陳玄礼は言った。

楊国忠は謀反をはかりました。その係累である楊貴妃は陛下のおそばにあってはなりません。陛下におかれては恩愛を捨てて法に照らして処置をして頂きたい。

玄宗は「朕みずから事を決しよう」と答えたものの思案にくれ、首を傾けたままぼんやりとしていると、京兆司録の韋諤《いがく》が進み出て、

人々の怒りは犯しがたい。国家の安危は目前に迫っております。なにとぞ御決断を。

と迫った。彼は叩頭《こうとう》して血を流しながらこの言葉を述べた。玄宗は韋諤に向い、

楊貴妃は深宮にいて、楊国忠の謀反は与《あずか》り知らぬ。何の罪があろうか。

と反論し、あくまでも楊貴妃をかばいつづけようとしていた。このとき二人のやりとりを聞いていた高力士は、沈痛な面持ちで玄宗に言上した。

貴妃さまには実際何の罪もありません。しかし兵士たちは楊国忠を殺してしまったからには、貴妃さまが陛下のかたわらにおられては、今後、安心していられません。そこのところを考えて頂かなくてはなりません。兵士たちが心安らかでないと、陛下も安ら

かではいられません。

これを聞いて玄宗もついにいまはこれまでとあきらめ、高力士に一切をゆだねた。高力士は貴妃を近くの仏堂に引き入れて縊殺《いさつ》した。その死骸は駅庭に置いて、陳玄礼らを招き入れて見せた。彼らは死骸を確認すると冑をぬぎ甲を捨てて頓首して玄宗に罪を請うた。しかし玄宗はこれを慰労し、兵士らを諭すようにと命じた。陳玄礼らは再拝して立ち戻り、兵士たちも事の結末をまのあたりにして軍紀はようやく元に戻った。

以上は玄宗蜀幸のはじまりから楊国忠および貴妃の死に至る一段である。資料は『資治通鑑』唐紀三四「粛宗」至徳元年の条にあり、叙述はかなりくわしいと言える。これに対し『旧唐書』玄宗紀の六月一四日の条はきわめて簡略であり、次のようである。

丙辰、馬嵬ノ駅ニ次《やど》ル。諸衛《しょえい》軍ヲ頓《とど》メテ進マズ。竜武将軍陳玄礼奏シテ曰ク「逆胡闕ヲ指ス。国忠ヲ誅スルヲ以ッテ名トナス。然シテモ中外ノ群情、嫌忌セザルハナシ。今国歩艱阻ナリ。乗輿震蕩ス。陛下宜シク群情ニ徇《したが》イ社稷《しやしょく》ノ計ヲナスベシ。国忠ノ徒、之ヲ法ニ置クベシ」ト。タマタマ吐蕃ノ使二十一人、国忠ヲ遮《さえぎ》リテ駅前ニ告訴ス。衆呼《よば》ワリテ曰ク「楊国忠、蕃人ト連《つらな》リテ逆ヲ謀ル」ト。兵士駅ヲ囲ムコト四合、楊国忠、魏方進一族ヲ誅スルニ及ブモ、兵ナオ未ダ解ケズ。上《しょう》高力士ヲシテ之ヲ詰ラシム。迴《めぐ》リ奏シテ曰ク「諸将スデニ国忠ヲ誅スレドモ貴妃宮ニ在ルヲ以ッテ、人情恐懼《きょうく》ス」ト。上、スナワチ力士ニ命ジテ、貴妃ニ自尽《じじん》ヲ賜ウ。玄礼、上ニ見《まみ》エテ罪ヲ請ウ。命ジテ之ヲ釈《ゆる》ス。

「逆胡」とは「逆賊の胡人」で安禄山のこと。最後は「貴妃ニ自尽（自害）ヲ賜ウ」とだけあって、楊貴妃がいかなる場所でどのようにして死んだのかを明らかにしていない。

同じく『旧唐書』の后妃伝を見ると次のようにある。

潼関守リヲ失ウニ及ビ、従幸シテ馬嵬ニ至ル。禁軍ノ大将陳玄礼、密カニ太子ニ啓《もう》シテ国忠父子ヲ誅ス。既ニシテ四軍散ゼズ。玄宗力士ヲ遣シテ宣問セシム。対エテ曰ク「賊ノ本《もと》、尚《な》オ在リ」ト。蓋《けだ》シ貴妃ヲ指スナリ。力士復《ま》タ奏ス。帝已《や》ムヲエズシテ妃ト訣《わか》ル。遂ニ仏室ニ縊《い》死《し》セシム。時ニ年三十八ナリ。駅ノ西ノ道側ニ瘞《うず》ム。

ここでは陳玄礼が楊国忠を誅殺するのに、事前に太子の了解を得ていたことになっている。また楊貴妃の最期についても仏室で縊死させたとあり、年も三八と記し、なきがらも馬嵬の駅の西の道側に埋めたとある。

「長恨歌」では次のようになっている。

九重城闕烟塵生　　九重《きゅうちょう》の城闕《じょうけつ》　烟塵《えんじん》生じ
千乗万騎西南行　　千乗万騎　西南に行く
翠華揺揺行復止　　翠華《すいか》揺揺《ようよう》として行きて復止《またとどま》る
西出都門百余里　　西のかた都門《ともん》を出《い》ずること百余里

六軍不発無奈何
宛転蛾眉馬前死
花鈿委地無人収
翠翹金雀玉搔頭
君王掩面救不得
迴看血涙相和流

六軍《りくぐん》発せず　奈何《いかん》ともするなく
宛転《えんてん》たる蛾眉《がび》　馬前に死す
花鈿《かでん》　地に委《まか》せて人の収《おさ》むるなく
翠翹《すいぎょう》　金雀《きんじゃく》　玉搔頭《ぎょくそうとう》
君王　面《めん》を掩《おお》いて救うを得《え》ず
迴看《かいかん》して血涙《けつるい》　相和《あいわ》して流る

「翠華」はかわせみの羽で飾った旗で「天子の旗」である。「揺揺」は「ゆれうごく」こと。馬嵬までの距離を詩では「百余里」と記しているが、中国の一里は約五六〇メートル。「六軍」は禁軍で天子直属の近衛兵。竜武・神武・神第の三軍にそれぞれ左右があった。「宛転」はまるく美しいこと、「蛾眉」は蛾のように美しい眉ということで美人を指す。「花鈿」は花かざりのある「かんざし」、「翠翹」はかわせみの羽で作った首かざり。「金雀」は黄金のかんざしで雀の形をしているものらしい。「玉搔頭」も玉のかんざし。

大意は次のようである。

奥深い宮殿に、いくさの煙や塵がたち上ると、天子は千乗万騎をひきつれて、西南の蜀を目指して落ちのびて行かれることになった。

かわせみの羽で飾った天子の旗は風にゆられながら、進んでは止まり、止まってはまた進み、やっと西の方の、都の城門を去ること百余里の馬嵬駅に着いた。

ところが近衛《このえ》の兵士たちは、ここからは進もうとせず、いたしかたなく、美しい眉の楊貴妃は天子の馬前で殺されてしまった。

花のかんざしは地上にすてられたまま片付ける人もなく、かわせみの羽で飾った首飾りや、黄金造りの雀の形をしたかんざしも、玉で作ったかんざしも、地上にすてられたままである。

天子は顔をおおうばかりで、助けるすべもなく、ふり返って見ては、血の涙が流れ落ちるばかりであった。

国破レテ山河アリ

七五六年（天宝一五）六月一五日、玄宗の一行は再び蜀に向って馬嵬を出発した。六月一七日に安禄山の軍勢が長安に入った。しかし以後追跡はなかった。

玄宗一行の目的地は蜀であったが、発議者の楊国忠が死に、衆議が起った。ある者は河隴《かろう》に行くべきだと主張し、ある者は霊武・太原の名を挙げ、ある者は都への還御を唱えた。一行はそこでいったん扶風《ふふう》に進んだが、ここで皇太子を留め、玄宗ははじめの目的通りやはり蜀に行幸することに決した。

七月一五日に玄宗は皇太子に天下兵馬元帥の位を授け、洛陽・長安両京回復の命を下した。また一六子の永王璘《りん》を江陵府都督に、二六子の豊王珙《きょう》を武威郡都督に任じ、ようやく安禄山排除の陣容をととのえた。七月一八日巴西郡に宿り、ついで、いわゆる蜀の桟道《さんどう》の難所を経て剣南山に登り、そこを下って七月二八日に蜀郡に到着した。いまの成都市である。玄宗とともにここに到着できた人々は一三〇〇人および宮女二四人であった。あわただしく出発し、扶風で皇太子一行に従う者たちと別れたというのに、さすがに大人数の一団だったのである。馬嵬を発してから四三日、長安を出た六月一三日から数えると四五日目に当る。

扶風で玄宗と別れた皇太子は、七月九日にいまの寧夏回族自治区霊武《れいぶ》県に至り、ここに本拠を定めた。五胡十六国時代には赫連《かくれん》氏が夏国を築いたところである。当時は唐朝でもっとも頼りになる武将郭子儀が朔方節度使として駐在していた。ここは西北辺境防衛の要地であり、郭子儀はここでチベット族の党項（タングート Tangut）諸部族の兵を集めて精鋭を誇っていた。皇太子は間もなく群臣のすすめで、この地で帝位についた。唐第七代の粛宗《しゅくそう》皇帝の誕生である。年号も至徳《しとく》と改められた。

事前に玄宗の了解を得ていたともされるが、八月一五日に霊武から使者が来て玄宗は粛宗からの書冊の指示に従って上皇となり、「太上皇《たいじょうこう》」と称することとなった。

けわしい桟道を通って蜀に到着するまでの旅路については、「長恨歌」が次のように描写している。

黄埃散漫風蕭索
雲桟縈紆登剣閣
蛾眉山下少人行
旌旗無光日色薄
蜀江水碧蜀山青
聖主朝朝暮暮情
行宮見月傷心色
夜雨聞鈴腸断声

黄埃《こうあい》散漫　風蕭索《しょうさく》
雲桟縈紆《うんさんえいう》　剣閣《けんかく》に登る
蛾眉山下《がびさんか》　人の行《ゆ》くこと少《まれ》に
旌旗《せいき》光なく　日色《にっしょく》薄し
蜀江《しょくこう》は水碧《みどり》にして　蜀山《しょくざん》は青く
聖主《せいしゅ》　朝朝暮暮《ちょうちょうぼぼ》の情《じょう》
行宮《あんぐう》に月を見れば　心を傷《いた》ましむるの色あり
夜雨《やう》に鈴《すず》を聞けば　腸《はらわた》を断《た》つの声

「黄埃」は一行のまきおこす黄土地帯の砂塵や土ぼこりである。「雲桟」は雲にもとどく高所のかけはし。「かけはし」を「桟道」または「桟閣」という。ふつうの道を造ることができない険阻なところに、岩面に穴をあけて材木を差しこみ、その上に棚のように板を並べて出来上がった道。古くから秦（陝西省）から蜀（四川省）に入るには、この長く危うい桟道を通らなければならなかった。李白の「蜀道難」という詩にも「ああ危ういかな高きかな／蜀道の難《かた》きは青天に上るより難し」とある。玄宗の一行はここを通って行ったのである。

「剣閣」は蜀にある山の名。大剣山と小剣山とがあり、その間を桟道が通じている。蜀の北門ともよばれる。「蛾眉山」は「峨眉山」とも記す。成都の南にある蜀の名山。蛾の眉の形をしている。「蜀江」は成都を流れる「錦江」。この川で蜀江の錦《にしき》といわれる布をさらした。「聖主」はここではもちろん玄宗のことである。

詩の大意は次のようである。

行列は黄色の砂塵を舞いあげつつ、さびしく吹く風のなかを進み、雲にもとどく高い危険なかけ橋の道をめぐりつつ剣閣山へ登って行った。

蛾眉山下の道は人の往来も少なく、天子の旗は輝きを失って、日の光さえ薄く感じられた。

蜀の川はみどりの色をたたえ、蜀の山は青い色をしていたが、それを見るにつけ、天子は朝な夕なに楊貴妃のことを思って悲しまれた。

仮の御所《ごしょ》で、月の光を見ては心をいため、夜の雨に鈴の音を聞いては断腸の思いをされたのであった。

一方、長安に入った安禄山の軍はどのようにしていただろうか。玄宗退去の報を受けて部将の孫孝哲らは市内に入ると、官庫を開き、争って財宝を掠奪した。宮中の鍵を預けられていた辺令誠が投降して鍵を献じていたからである。玄宗に随従した廷臣の家族はすべて殺された。兵士たちもいたるところで掠奪・暴行・殺人のかぎりを尽した。上下ともに享楽に酔って玄宗一行への追跡など思い立つことさえなかった。

そのうちに皇太子が霊武で即位し年号も改まり、郭子儀、李光弼らが軍の先頭となり、東西両京奪回を狙っているとの報がしきりに伝わってきた。しかし長安で皇帝気分を満喫し、毎日遊楽にふけっていた安禄山は体調がいちじるしく低下し、眼をわずらって視力をほとんど失っていた。弱気となった彼は長安防衛の自信がなく、長安に残っていた女官を連れ、金銀財宝を持って洛陽に引きあげた。背中にもつぎつぎと疽《そ》という悪性の腫物《はれもの》ができていた。気分もすさみ、狂躁の人となっていた。生来の肥満も原因となって成人病の末期症状におち入っていたのかも知れない。

謀反と長征、勝負についての一喜一憂、身辺の人々の向背などについての疑心など、いずれもストレスとしてたまり、心身ともに救いがたいところに追いつめられていたのであろう。悲劇は間もなくその身におそいかかった。

はじめ安禄山は安慶緒《あんけいしょ》を皇太子と定めていたが、その後は段夫人の生んだ慶恩《けいおん》を溺愛してこれに皇位をゆずろうと考えるようになっていた。これを恨んだ安慶緒は、安禄山側近の厳《げん》荘《そう》にそそのかされて父殺害を企てるに至った。実行行為者としては安禄山の身のまわりの世話をつとめていた李猪児《りちょじ》という宦官が選ばれた。彼は狂暴さのはげしくなった安禄山に毎日鞭うたれて恨みを抱いていたからである。

七五七年（至徳二）元日の夜、三人はひそかに安禄山の寝所に入った。安慶緒と厳荘は黙然と帳の外に立ち、李猪児が帳を開けて寝ている安禄山の巨腹へ力いっぱい刃をつき刺した。李猪児は怪力を持っていた。プツリと音がしてたしかな手ごたえがあった。気丈にも安禄山は起ち上がり、佩刀をさがしたが盲目のため、見つけ出すことができなかった。そこで臥帳の柱をつかんでゆらしながら「賊あり！」と大声でわめいた。その瞬間腸が一斉に噴き出して、ばったりと床に倒れた。年は五三歳といわれ、天子と称してから、わずかに一年であった。死骸は毛布にくるまれ床下に埋められた。慶緒と厳荘は、安禄山は危篤におち入っていると発表し、安慶緒を皇太子にし位をゆずるという偽の詔書を作った。いったんいつわり尊んで安禄山を太上皇としたが、やがて改めてその喪を発表した。

安禄山横死の報は官軍にもじきに伝わった。粛宗《しゅくそう》の王子広平王李俶《りしゅく》（のちの代宗）を総帥とし、郭子儀《かくしぎ》にひきいられた官軍一五万はこの機に乗じて安慶緒の守備軍六万を攻め、この年九月一挙に長安を回復した。広平王の軍団は勢いに乗じてさらに洛陽に迫り、賊軍を圧迫した。安慶緒はこれに対抗できず、一目散に河北へ遁走した。

そのころ粛宗は霊武を離れ、彭原を経て長安の西の鳳翔《ほうしょう》（陝西省西部にあり）にまで進出してきていた。長安回復の報は粛宗から玄宗へ直ちに伝えられた。一〇月二三日にまず粛宗が長安に帰った。人々はその英姿を見て涙を流し、改めて都城の荒廃のすさまじさに思いを致した。唐王朝の祖廟も賊軍により火をかけられて燃え落ちていた。

いまは太上皇となった玄宗は、粛宗が長安に帰った一〇月二三日に蜀の行宮を離れた。長安に着いたのは一二月丙午の日であった。成都に仮住居をしていたのが一年二ヵ月、長安を出てから一年半ぶりのことであった。
乱の前と後とでは天地は一変した。

玄宗は思いもかけぬ大乱に出会って、いやおうなしに政権の座から滑り落ちていた。旧臣たちの多くも洛陽や長安で賊の手にかかって死んでいた。時代は粛宗のものとなっていた。還御の道中については「長恨歌」には次のように詠じられている。

天旋日転廻竜馭　天旋《てんめぐ》り日《ひ》転《てん》じて竜馭《りゅうぎょ》を廻《かえ》し
到此躊躇不能去　此《ここ》に到りて躊躇して去ること能《あた》わず
馬嵬坡下泥土中　馬嵬坡《ばかいは》下《か》　泥土の中《うち》
不見玉顔空死処　玉顔を見ず　空《むな》しく死せし処
君臣相顧尽霑衣　君臣　相顧《あいかえり》みて　尽《ことごと》く衣《ころも》を霑《うるお》す
東望都門信馬帰　東のかた都門《ともん》を望み　馬に信《まか》せて帰る

「天旋り日転じて」とは天下の情勢が一変したこと。安禄山も世を去り長安も回復した。「竜馭」は天子の馬車、現実には太上皇の車である。「此に到る」とは、楊貴妃が殺された馬嵬駅を再び通ることとなったこと、この地は次の句には「馬嵬坡」とある。「坡」は堤、小丘であるが、地名。『方輿紀要』には「城北ニ馬嵬坡アリ。天宝ノ末、玄宗西幸シ馬嵬駅ニ至リ、六軍発セズ、因リテ貴妃ニ死ヲ賜ウ。馬嵬坡ニ葬ル。坡ノ旁ニ馬嵬泉アリ」とある。「玉顔」は玉のように美しい顔で、楊貴妃を指す。

詩句の大意は次の通り。

日月がめぐり、天下の情勢が変わると、天子の車は都に帰られることになった。しかし、ここ馬嵬に到ると、心がひかれてたち去ることもできなかった。

もはや馬嵬坡の泥土の中には、あの玉のように美しかった楊貴妃の顔は見えず、ただ殺された跡が残っているだけであった。

一行みな顔を見合わせて涙で衣をぬらし、天子は東のかた都の城門を望み見ながら馬の歩みにまかせて、力なく帰っていった。

楊貴妃を殺してしまったことをいまさらのように悔み、「生ける屍」のように気力を失ってしょんぼりと都門に向う玄宗の様子を、白楽天は「信馬帰」（馬に信《まか》せて帰る）という三文字で巧みに描写している。

『旧唐書』玄宗紀の記述は次のようである。

九月、郭子儀、両京ヲ収メ復ス。十月、粛宗、中使ヲ遣《つかわ》シテ蜀ニ入リテ奉迎セシム。丁卯《ていぼう》、上皇蜀都ヲ発ス。粛宗精騎三千ヲ遣《つかわ》シテ扶風ニ至リテ迎衛セシム。十二月丙午、粛宗法駕シテ咸陽ノ望賢《ぼうけん》駅ニ至リテ迎奉ス。上皇、宮ノ南楼ニ御ス。粛宗楼下ニ拝慶ス。嗚咽流涕《おえつりゅうてい》シテ自ラ勝《た》エズ。丁未《ていび》、京師《けいし》ニ至ル。文武百僚、京城ノ士庶《ししょ》、道ヲ夾《はさ》ミテ歓呼シ、流涕セザルハナシ。時ニ太廟、賊ノ焚《や》クトコロトナル。権《かり》ニ神主ヲ大内ノ長安殿ニ移ス。上皇、廟ニ謁シテ罪ヲ請ウ。遂ニ興慶宮ニ幸ス。

粛宗がこまかく気をつかって上皇を迎え、長安の人々が上下を問わず涙を流して感激にひたっている様子がよくうかがえる。

粛宗紀では玄宗が粛宗の出迎えを受けて、

吾、国ヲ享《う》クルコト長久ナリシモ、吾ガ貴キヲ知ラザリキ。吾ガ子ノ天子ト為《な》ルヲ見テ、吾、貴キヲ知レリ。

と述懐したことを記している。また長安では開遠門から丹鳳門に至るまでお祝いの旗や幟《のぼり》が風に靡《なび》き、あやぎぬで飾りつけた小屋掛けが立ち並び、民衆は道のいたるところで踊りながら行列を迎え、

図《はか》ラザリキ、今日再ビ二聖ニ見《まみ》エントハ。

と喜び合ったという。「二聖」とは、いまは太上皇になっている玄宗と新皇帝の粛宗の二人を指す。

これよりさき詩人の杜甫は、賊の手中に落ちて長安にとどめられていた。そのいきさつは次のようである。

はじめ杜甫は長安で暮していたが、妻子を養っていけず、妻子だけを奉先県《ほうせん》（陝西省蒲城）に移し、自分はここと長安とを往来して過していた。奉先では妻の一族が県令をしてい

たので、それを頼ったようである。安禄山の乱が起った時、彼は奉先に赴き、家族をつれて奉先の西北の白水に移った。しかし潼関陥落の知らせを聞くと、ここも危いと感じられ、白水の北、延安の南にある鄜《ふ》州を目指して苦難の逃避行をつづけた。玄宗一行が霖雨の中を蜀に落ちのびつつあったころである。やっと鄜州にたどりついた杜甫は、家族をその城北の羌《きょう》村《そん》に落ちつけた。そのころ皇太子が霊武で即位し、仮の朝廷が設けられたと聞いたので、家族を残してひとり霊武に向った。ところが道中はすでに賊軍支配下にあり、あえなく、とりこにされてしまった。賊兵は杜甫を長安まで押送《おうそう》したが、当時杜甫の身分が低かったので、そのまま市中に放り出されただけで済んだ。身分のある者は洛陽に送られてとじこめられたり、長安で無理に偽官につかされたりした。杜甫は幸いそうならなかったけれども身は零落し、賊兵の市中での掠奪暴行を目撃し、亡国の悲哀をいやというほど味わわされた。

七五七年（至徳二）のある春の日、杜甫は長安のまちをさまよい、曲江のほとりで「哀江《あいこう》頭《とう》」（江頭に哀《かな》しむ）一首を作った。そのなかで伝え聞く「楊貴妃の死」に触れて次のように詠じている。

明眸皓歯今何在　　明眸皓歯《めいぼうこうし》今何《いず》くにか在《あ》る
血汙遊魂帰不得　　血汙遊魂《けつおゆうこん》帰るを得《え》ず

「明眸皓歯」は「明るいひとみと白い歯」で美人のこと。もちろんここでは楊貴妃を指す。「あの美しい方はいまどこにおられるのか。命を絶たれ血で汚れた幽魂は宙に迷って帰るところがないのだ」と、満腔の同情を寄せている。

蜀にいる玄宗の身の上についても

清渭東流剣閣深　　清渭《せいい》東流《とうりゅう》し剣閣《けんかく》深し
去住彼此無消息　　去住《きょじゅう》彼《ひ》此《し》消息なし

「清渭」は清らかな渭水。これは都の近くを東に流れてゆく川である。「去住」は去る者ととどまる者である。

「都門を出て西に向い、けわしい剣閣を越えて蜀に行かれた天子一行の人々は、いまどうなっておられるか、あちらからも便りは来ず、こちらからも便りをすることもできない」という意である。鄜州に残した家族の消息を知ることのできない彼自身の不安も、日々に深刻となっていた。

世に名高い「春望」も同時期の作である。

国破山河在　　国破れて山河《さんが》あり

城春草木深
感時花濺涙
恨別鳥驚心
烽火連三月
家書抵万金
白頭掻更短
渾欲不勝簪

城春《しろはる》にして草木《そうもく》深し
時《とき》に感じては花にも涙を濺《そそ》ぎ
別《わかれ》を恨《うら》んでは鳥にも心を驚かす
烽火《ほうか》　三月《さんげつ》に連《つら》なり
家書《かしょ》　万金《ばんきん》に抵《あた》る
白頭《はくとう》　掻《か》けば更に短《みじか》く
渾《す》べて簪《しん》に勝《た》えざらんと欲《ほっ》す

題の「春望」は「春の眺」である。詩の大意は「長安のいまのありさまはしんそこ情ない。春はめぐってきたが美しい花を見ても人の世の無常を感じて涙をそそられ、楽しげな鳥のさえずりを聞いても肉親と離れ離れに暮さねばならぬ運命を怨んで心が痛む。兵乱を告げる『のろし』も三月の間たえず打ち上げられ、僥倖にして届いた家族からの便りは、万金に当るほど貴い。心労で白髪も抜け落ち、かんざしを差すこともできぬほどに少なくなってしまった」というなげきをつづったものである。

国破れて山河あり

という名句もこの詩によって生まれた。

こうしたなかで、賊勢がようやく衰え、めでたく「二聖」の還御が実現したのであるから人々の喜びは大きかった。長安城中にも再び希望の光が戻ってきた。

安史の乱の背景

安禄山の蜂起は長年にわたる李林甫、楊国忠ら宮廷官僚との軋轢《あつれき》や権力闘争の結果であるが、社会史的には府兵制の崩壊による唐王朝の軍事力の低下を見逃すことはできない。

府兵制はいわゆる「兵農一致」で「丁男《ていだん》」（成年の男子）を徴集して府兵とし、その数は六十余万を数え、すべて中央の兵部に所属していた。しかし府兵制の基礎になっていた均田制は商業資本の進出や国家による重税ですでに崩れはじめていた。すなわち丁男となるべき農民たちが困窮して流民となり、府兵に充当すべき十分な数が得られなかったからである。

七二三年（開元一一）に施行された監察御史宇文融《うぶんゆう》の「括戸《かっこ》政策」は、農民を本籍地に帰して本来の均田制・府兵制を維持するための政策であった。しかし数年にして宇文融が地位を追われたために失敗に終った。

当時、地方では北方民族の侵入を防ぐために強力な軍団の設置が必要とされた。しかし兵員が確保できないため、流民などから募兵したので、ついに募兵制が出現した。こうしてできた地方の軍団である「軍鎮《ぐんちん》」は中央の兵部の支配も受けず、民政権も掌握していた。三節度を兼ねた安禄山の経済力・軍事力がいかに強大なものだったかが知られよう。

彼はまた人心をとらえる名人でもあった。蕃族が降伏するとつねに恩恵を施し、士卒に対してもいましめを解いて入浴洗髪させ衣服を給したほか、言語の通じない者には通訳をつけて早く体制に慣れるようにさせた。安禄山が発動した一五万の軍勢のなかには、これら多くの「蕃兵」が含まれていた。安禄山自身がよく蕃語に通じていたから、日ごろから兵士たちと心を開いて語り合い、彼らの慰撫につとめていた。このため蕃兵たちは安禄山の心根に感じ、彼のために身命をなげうつことを誓っていた。

安禄山の盟友として挙兵に協力した史思明は、安禄山と同じく突厥族の出身である。郷里も同じで年齢も同じくらいであった。二人は長年友人としてよい関係を保ちつづけていた。史思明も宮廷で名を知られるようになり、玄宗にも愛されて将軍の地位についた。思明の名も玄宗から与えられたものである。

彼も安禄山と同じく六蕃の言語に通じ互市牙郎となって世に出たというが、次第に地位を高めて宮中に出入りし、河朔の豊かな経済力を背景に華々しい生活を展開した。

彼らは都大路を歩き朝廷に参内見聞するうちに、おそらく大唐帝国の繁栄の陰にひそむ社会の矛盾、時代転換の兆しを鋭く感じとったのかも知れない。それは「雑胡」とよばれた異民族特有の勘であったろう。

蜂起のはじめ、安禄山は史思明に河北の諸地方を攻略させた。その後、この盟友を本拠地の范陽に留めて後方の守りとしたが、官軍の顔杲卿らが常山に進出してくると、これへの攻撃を命じた。史思明は猛将の本領を発揮してわずかに九日で常山を陥れ、顔杲卿らをとりことした。

のちに詳しく記すように、史思明は安慶緒を殺した後、一度朝廷に降ったが、間もなく自立して応天皇帝と号した。のち范陽から長駆して汴《べん》州を攻め、ついで洛陽も占領し粛宗の朝廷に衝撃を与えた。奇策を用いて官軍の名将李光弼を北邙《ほくぼう》山下に破り、当るべからざる勢いを示した。しかし間もなく子の朝義に襲われて、あっけなく世を去った。刺客のあらわれた時、史思明は厠《かわや》にいた。牆《かき》を乗り越えて走った。折よく馬がいてこれに乗ったが、矢を臂《ひじ》に当てられ落馬した。彼は三度朝義の名を呼び「我ヲ殺スナカレ」と言い、

汝、我ヲ殺スコト、太《はなは》ダ疾《はや》シ。何ゾ我ノ長安ヲ収ムルヲ待タザルヤ。（『旧唐書』）

と叫んだ。あるいは長安再奪取の秘策を持っていたのかも知れない。

彼らは九年間暴れまわり、大唐帝国を動乱の渦にまきこんで消えていった。彼らは少しずつ露呈しつつあった王朝滅亡の裂け目を、多くの人の目にさらす役割をになった。

安禄山も史思明も息子に殺されて終りをまっとうしていない。謀反人、賊将であるから、現在残されている資料はすべて彼らにきびしい。『旧唐書』は彼らの伝を朱泚《しゅせい》、黄巣《こうそう》の叛徒とともに列伝の最後に置き、『新唐書』は逆臣伝に入れて「二賊」と呼んでいる。「安史の

乱」についても、「長恨歌」や『開元天宝遺事』をはじめとする諸資料は、玄宗の宮廷の哀話や悲詩が美しく語りつがれているし、史書でもいわゆる官軍側の武将の奮闘が多く記されている。しかし強大な漢族に対抗して、これに一泡吹かせてやろうとした突厥族その他「雑胡」の誇りや意気込みが、この「叛徒」たちのなかになかったとは言えない。

現に彼らの本拠地だった河北地方では、乱後数十年を経過しても、安禄山、史思明に対する支持と人気は衰えず、この地方では祠《ほこら》も建てられ、「両聖」とあがめられていたという。しかし彼らが最初から漢民族の唐王朝を倒し、異民族支配を狙って蜂起したなどということは考えられない。清水泰次の「安禄山の謀叛に就いて」という文章（『史観』第四号、昭和八年）には次のようにある。

もし安禄山が初めから異志を蓄えて都に入り都の形勢を探ってから兵を挙げたのであったとしたら、それは通説で言うような「奸佞邪智」ではなく、遠謀深慮と言わざるを得ない。しかしそれは彼を余り高く評価するものである。彼はやはり奸佞邪智くらいが適当であって、ひたすら玄宗皇帝に取り入らんがために奸智をめぐらしたに過ぎない。もし安禄山が初めから計画的に謀叛するつもりであったならば、自分の子の安慶宗〔安慶緒の兄にあたる〕という者を長安の都に残して置くはずがない。又たよしんば安慶宗が公主と婚姻をしていたので連れ出して来られない事情があったとしたならば、あらかじめ安慶宗を犠牲にするつもりであるから、いまさら安慶宗が殺されたにしたところで、さほど驚くに当らないはずである。しかるに彼は陣中で安慶宗の殺されたのを聞くと、我何の罪あって我が子を殺したのであるかと歎じている。そして彼も怒って丁度陳留を攻め落した時であったから、そこで降参した一万人ばかりを虐殺したのである。そこで安禄山の叛意を考えて見ると、彼はひたすら玄宗皇帝の寵愛をたのみにしていたのであるが、ここに形勢の一変を来す事件が起って来た。それは宰相の李林甫が死んで楊国忠が代ってなったことである。すなわち安禄山も李林甫とは争う必要もなかったのであるが、楊国忠とは両立しなくなった。それは楊国忠は楊貴妃の従祖兄で互いに勢力を争うようになり、ついに楊国忠が安禄山を陥れるために盛んに安禄山の謀叛をいい触らすことになったのである。

これは安禄山の謀反にははじめから深い魂胆があったものではないという見解の一つであろうと思われるが、中国の楊志玖《ようしきゅう》の「安史之乱」（『中国大百科全書』中国歴史Ⅰ）は「天宝元年の唐の全国の兵数は五七万四千余名であったのに安禄山ら節度使のかかえる兵員はこのうちの四九万を占めていた」といい、「玄宗統治の後期は政治が腐敗し、中央の軍備が空虚となり、辺兵は充実していて『外重内軽』（外重ク内軽シ）、『尾大不掉』（wěidàbùdiào）の局面下で兵を起して唐に叛いたのだ」と論じている。

「尾大不掉」（尾大《だい》ニシテ掉《ふる》ハズ）とは、本よりも末の力が強くて制御のきかないことのたとえである。

胡如雷《こじょらい》も同じく『中国大百科全書』中国歴史Ⅱ「唐『安史之乱』」の条で、この乱について次のようなしめくくりの言葉を記している。

安史の乱は唐朝中央政権と地方割拠勢力との間の統治集団内部の闘争である。この事件は社会と政治に対し、巨大な影響を生み出した。それは唐王朝が統一集権から分裂割拠に向って進むことになる転折点（転換点）であり、（中略）唐王朝がこれまで周辺各民族に対して「主動進攻」していた立場から、「被動挨打《あいだ》」される立場に変ってゆく転折点でもあった。これをもって標志（標識・目じるし）とすれば、唐朝の歴史は前期・後期の二つのはっきりと異なる時期に区分することができるであろう。

安史の乱をめぐる政治情勢を「主動進攻」（漢民族の側から異民族を圧迫してゆく）から、「被動挨打」（異民族によって漢民族が圧迫されてゆく）という方向への転機となったというのである。

たしかに安史の乱の平定には周辺諸民族の兵力を大いに借りている。粛宗が蜀に向う玄宗と別れてから本拠とし即位の式を挙げたのも、現在の寧夏回族自治区霊武県である。彼はここで回紇《ウイグル》族や于闐《うてん》のほか西域諸民族の援兵を請い、それによって翌年、長安・洛陽を回復した。郭子儀、李光弼らの将軍も河西（甘粛省武威）、北庭（新疆ウイグル自治区方面）、安西（新疆庫車）などの節度使の兵士と連合して行動している。またこうした地域の兵力の東方への移動に伴って、これまで唐に封じこめられていた吐蕃（チベット族）の勢力が次第に盛り返してきて、唐の友好国である回紇を圧迫し、以後、唐が吐蕃の侵攻にさらされるという事態を引き起した。

安史の乱のことは当時日本にも詳細に伝えられていた。それは渤海に使《つかわ》した官人らのもたらしたものである。『続日本紀《しょくにほんぎ》』巻二一・淳仁天皇天平宝字二年（七五八）一二月の記載に、次のようにある。

戊申、遣渤海使小野の朝臣田守《たもり》ら、唐国の消息を奏して曰く「天宝十四載、歳《ほし》は乙《きのと》未《ひつじ》に次《やど》る十一月九日に御史大夫兼范陽節度使安禄山反《そむ》きて兵を挙げ乱を作《な》し自ら大燕聖武皇帝と称す。范陽を改めて霊武郡と作《な》し、その宅を潜竜宮となし、年を聖武と号す。その子安卿緒を留めて范陽郡の事を知らしむ。自ら精兵二十余万騎を将《ひき》い、啓《ひら》き行きて南に往《ゆ》く。十二月直に洛陽に入りて百官を署《しょ》し置く。天子、安西節度使哥舒翰を遣し三十万の衆を将いて潼津関を守らしめ、大将軍封常清をして十五万の衆を将いて別に洛陽を囲ましむ。天宝十五載、禄山、将軍孫孝哲らを遣し、二万騎を帥《ひき》いて潼津関を攻めしむ。哥舒翰、潼津の岸を壊《こぼ》ちて以って黄河に墜《おと》し、その通路を絶ちて還る。孝哲、山を鑿《うが》ち路を開き、兵を引き入りて新豊に至れり。六月六日、天子剣南に遜《のが》る。七月甲子、皇太子璵《よ》皇帝の位に霊武郡の都督府に即き、元を改めて至徳元載と為す。己卯、天子益州に至る。平盧《へいろ》留後《るご》事《じ》徐帰道は果毅《かき》都尉行柳城県兼四府経略判官張元澗を遣し、来りて渤海に聘《へい》し且つ兵馬を徴せしむ。曰く『今載《ことし》十月、当に禄山を撃つべし。王すべからく騎四万を発し、来援して賊を平《ことむ》くべし』と。渤海その異心あらむことを疑いて且《しば》らく留めて未だ帰さず。十二月丙午、徐帰道果して劉正臣を北平に鴆《ちん》して、ひそかに禄山・幽州節度使史思明に通じ、天子を撃たむことを謀る。安東都護王玄志仍《よ》りてその謀を知り、精兵六千余人を帥いて柳城を打ち破り徐帰道を斬り、自ら権知平盧の節度と称し、進みて北平に鎮す。至徳三載四月、王玄志は将軍王進義を遣し、来りて渤海に聘し、且つ国故を通じて曰く、『天子西京に帰り、太上天皇を蜀より迎えて別宮に居らしめ、ことごとく賊を滅さんとす。故に下臣を遣し、来りて命を告げしむ』と。渤海王その事信じ難きためにしばらく進義を留めて使を遣し詳《つまびらか》に問わしむ。行人未だ至らず、事未だ知るべからず。その唐王の渤海国王に賜いし勅書一巻、亦状に副えて進《たてまつ》る」と。

ここには安禄山が挙兵し、潼関で哥舒翰を破ったこと、玄宗が剣南に逃れたこと、粛宗が位についたこと、西京を回復して玄宗（太上天皇）を蜀から迎えたことなどが記されているが、楊貴妃の死については言及していない。また情報の混乱があり、この時すでに安禄山は安慶緒に殺されているのだが、そのことも知らない。渤海王もこうした状況下で行人（使者）を長安に派遣して現状把握に努めているが、まだこの使者が立ち戻っていない。

この消息の上奏された天平宝字二年一二月は、粛宗の乾元元年（上奏のなかでは至徳三載四月となっているが二月に改元されている）で、ちょうど玄宗が蜀から長安に戻ってから一年目に当り、当時としてはリアルタイムで事件の概要が伝わったことになる。日本の朝廷の反応は『続日本紀』のこの上奏につづく一節によれば次の通りである。

是に於いて大宰府に勅して曰く「安禄山は是れ狂胡の狡竪《こうじゅ》なり。天に違《そむ》きて逆を起す。事必ず利あらじ。疑うらくは是れ西することを計ること能《あた》わざれば、還りて更に海東を掠《かすめ》むならむ。古人曰く『蜂蠆《ほうたい》すらなお毒あり、何ぞ況《いわ》んや人においてをや』と。それ府の帥船《そちふね》の王及び大弐吉備《きび》の朝臣真備《まきび》は倶《とも》にこれ碩学にして名当代に顕れたるは簡《つまび》らかに朕が心にあり。委ぬるに重任を以ってす。宜しくこの状を知りて預《あらかじ》め奇謀を設け、たとい来らずとも儲備《ちょび》悔ゆることなからしむべし。その謀る所の上策及びまさに備うべき雑事一一具《つぶ》らに録して報じ来たれ」と。

朝廷は安禄山の謀反は失敗に帰し、鋒先を変じて「海東」を掠める恐れ十分にありと見て警戒を強めたのである。当時の大宰大弐吉備真備らに海防策を立案して提出するよう求めている。

第六章　長恨歌の世界

玄宗の晩年

玄宗すなわち上皇は、馬嵬の泥中にあわただしく埋めたままになっている楊貴妃を哀れむ気持が強かった。『新唐書』の后妃伝によると、

帝蜀ヨリ至リ、道ニソノ所ヲ過《よ》ギリ、之ヲ祭ラシメ、且《か》ツ改メ葬ランコトヲ詔《みことのり》ス。

とあるから、蜀からの帰途、道傍でささやかな慰霊の祀りをしていたらしいことが知られる。『旧唐書』の記述では、

上皇蜀ヨリ帰リ、中使ヲシテ祭奠《さいてん》セシメ、詔シテ改葬セシム。

とあり、都に戻った後で、使をつかわして祀りをしていることになっている。しかし慰霊の祭祀のことはともかくとして、改葬については反対意見が出された。『旧唐書』には礼部侍郎李揆《りき》の次のような見解が載っている。

竜武ノ将士、国忠ヲ誅セシハ、ソノ国ニ負《そむ》キ乱ヲ兆《きざ》サシムルヲ以テナリ。今、故妃ヲ

改葬スレバ、将士ノ疑イ懼《おそ》レンコトヲ恐ル。葬礼未ダ行ウベカラズ。

ここで楊国忠や楊貴妃の名誉回復に類することが行なわれると、誅殺の当事者だった近衛兵の間に再び動揺が起るという理由である。このため上皇のいったん出した詔は実施されることなく終ってしまった。

しかし上皇はひそかにその意志をつらぬき改葬を決行した。『旧唐書』には次のようにある。

白楽天（明の『歴代古人像賛』による）

上皇、密《ひそ》カニ中使ヲシテ他所ニ改葬セシム。初メ瘞《うず》メシ時、紫ノ褥《しとね》ヲ以テ之ヲ裹《つつ》ミタルモ、肌膚《きふ》スデニ壊《こわ》レ、香嚢《こうのう》ノミ乃《な》オ在リ。内官以テ献ズ。上皇之ヲ視テ悽惋《せいわん》タリ。乃《すなわ》チソノ形ヲ別殿ニ図セシメテ朝夕《ちょうせき》之ヲ視ル。

中使というのは内密の勅使である。改葬した先は、他の場所とだけあって、どこであるかは記されていない。埋めた時の紫の褥も朽ち、肌膚もすでになくなっていて、香を入れた袋だけがもとのままであった。内官すなわちお側に仕える宦官がうやうやしくこれを献ずると、上皇は悽惋《せいわん》な面持でじっとこれを見つめたまま思いにふけったのである。また画工に命じて貴妃のありし日の姿を描かせ、これを殿中に納めて朝夕対面しては涙にくれるのであった。画工の名は王文郁《おうぶんいく》と伝えられる。『楊太真外伝』には、李輔国《りほこく》らの重臣も反対し、李揆の上奏もあって粛宗も改葬を中止させたとある。また上皇のひそかに行なった移葬の次第も、やや描写がこまかく次のようになっている。

上皇密カニ中官ヲシテ潜《ひそ》カニ之ヲ他所ニ移葬セシム。妃ノ初メ瘞《うず》メラレシトキ紫ノ褥ヲ以ッテ之ヲ裹メリ。移シ葬ルニ及ビ、肌膚スデニ消釈ス。胸前ニ猶オ錦ノ香嚢ノミ在ルアリ。中官葬リ畢《おわ》リテ以ッテ献ズ。上皇之ヲ懐袖《かいしゅう》ニ置ク。又タ画工ヲシテ妃ノ形ヲ別殿ニ写サシメ、朝夕之ヲ視テ欷歔《ききょ》ス。

錦の香袋は、白骨化した貴妃の胸の前にあったと書いてある。画工に描かせたという画像は伝わっていない。

玄宗の晩年について『旧唐書』は次のように記すのみである。

三載二月、粛宗群臣ト上皇ニ尊号ヲ奉リ太上至道聖皇帝ト曰ウ。乾元《けんげん》三年七月丁未《ていび》、之ヲ西内ノ甘露殿ニ移幸セシム。時ニ閹官《えんかん》李輔国、粛宗ニ離間ス。故ニ西内ニ移居セシム。高力士、陳玄礼ラモ遷謫《せんたく》セラル。上皇寖《ようや》ク自ラ懌《よろこ》バズ。上元二年四月甲寅、神竜殿ニ崩ズ。時ニ年七十八。

蜀から帰ってきた当座は、お気に入りの宮殿だったもとの興慶宮、すなわち南内に住んでいた。前から近侍していて蜀にも同行して苦労をともにした宦官《かんがん》の高力士も、侍衛の将軍陳玄礼も、上皇をいたわりつつ仕えていた。大明宮すなわち東内にいた粛宗も、時折訪れて上皇を慰めていた。

しかし粛宗のもとで権力を得ていた宦官の李輔国は、旧勢力である玄宗一派に敵意を抱いていた。宦官どうしで高力士をも憎んでいた。上皇になったとはいえ、玄宗にはまだ上下の間にかなりの人気があった。それによって粛宗の人気にもかげりがさした。李輔国は粛宗派の人々すなわち東内派と、上皇派すなわち南内派との離間を策した。粛宗も次第に上皇に反感めいた感情を持つようになった。

七六〇年（上元元）七月、李輔国は粛宗の詔といつわって、突如上皇を南内から西内すなわち太極宮の甘露殿に移してしまった。ここでは外部との連絡を絶ち、軟禁状態にされたのである。つづいて高力士や陳玄礼にも罪をきせて流謫《るたく》の命を下した。権力を失い側近からも遠ざけられて、上皇の心中は暗澹たるものとなった。七六二年（上元三）四月、玄宗は西内の神竜殿で息を引き取った。享年七八であった。長安に還御してから四年三ヵ月の月日が流れていた。波瀾に富んだ生涯であったが、その晩年は寂寞《せきばく》たるものであった。玄宗につづいて粛宗も、この月のうちに大明宮の長生殿で世を去った。五二歳であった。その死は父王におくれることわずかに十余日であった。粛宗派と上皇派との対立のほか、李輔国と張后の抗争など身辺多事であり、心労の蓄積によるものである。

なおこのころ、実は安禄山の乱（安史の乱）はまだ完全には終っていなかった。父を殺した安慶緒は、広平王の軍団に追われて洛陽を棄て北に遁走した後、鄴郡《ぎょう》に拠った。ここはいまの河南省の安陽である。この時、安禄山の挙兵以来の盟友だった史思明は安慶緒を見限り、官軍に帰順を申し出た。七五九年（乾元二）になって、郭子儀をはじめ官軍の九節度使の連合軍が鄴を攻め立て、安慶緒も危いかに見えたが、ここへいったん帰順した史思明が軍勢を引き連れて安慶緒救援に押し寄せて来た。このため官軍は囲みを解いて鄴城から引き揚げざるを得なくなってしまった。

しかし安慶緒を救い出したものの、史思明はこの暗愚な男の下につく気はなく、かえって父を殺した罪を糾弾してこれを殺したのである。その後、史思明は安慶緒の軍団を併合して范陽に戻り自立して応天皇帝と称し、国号を「大燕」と言い、范陽を改めて「燕京」とした。これは玄宗が長安に帰り南内にいて楊貴妃の画像に涙しているころのことであった。七六〇年九月、史思明は范陽から出て河南に攻め入り、官軍李光弼《りこうひつ》の軍を破って洛陽を奪回した。

しかしこの史思明も、さきに記したように、ほどなくわが子の史朝義に殺されることになる。朝義は思明の長子であった。安慶緒と異なり暗愚ではなく、部下に慕われていた。しかし思明は愛妃の子の朝清を好み、范陽を守らせていた。いつか朝義を亡き者にして朝清を太子にしようと画策していた。朝義は身の危険を感じるとともに父を恨んでいた。部将の一人が朝義の苦悩を察し、ある日、思明を洛陽郊外に襲い縊殺した。七六一年（上元二）三月に朝義は帝位につき、ついで范陽に攻め入って朝清とその母辛氏を屠《ほふ》った。それからしばらく史朝義は洛陽を保っていたが、やがて回紇《ウイグル》兵の助けを借りた官軍に攻めこまれて北に走った。これは七六二年（宝応元）一〇月のことである。

北に走った史朝義は、部将たちにも裏切られ、いつしか逃亡の一人旅を余儀なくされる悲運にさらされることとなった。七六三年（宝応二）正月、彼は河北省盧竜県の温泉柵という土地の林の中で首をくくって死んだ。

かくして舞台登場の役者全部が殺されて、約九年にわたる安禄山と史思明による「安史の乱」は幕を閉じた。しかし、玄宗も粛宗もその前年に相次いで世を去っているので、この日を見とどけることはできなかった。

長安還御から死に至るまでの間、中国の天地でこのようになお執拗につづいていた賊軍の跳梁《ちょうりょう》に、果して玄宗がどのような関心をもっていたかは知るよしもない。おそらくその心の内は憂愁に満ち、世の動向に反応するところは少なかったであろう。「長恨歌」はその晩年の日常を次のように詠っている。

帰来池苑皆依旧　　帰り来れば池苑《ちえん》みな旧《きゅう》に依《よ》る

太液芙蓉未央柳
芙蓉如面柳如眉
対此如何不涙垂
春風桃李花開夜
秋雨梧桐葉落時
西宮南苑多秋草
宮葉満階紅不掃
梨園弟子白髪新
椒房阿監青娥老
夕殿蛍飛思悄然
孤燈挑尽未成眠
遅遅鐘鼓初長夜
耿耿星河欲曙天
鴛鴦瓦冷霜華重
翡翠衾寒誰与共
悠悠生死別経年
魂魄不曾来入夢

太液《たいえき》の芙蓉《ふよう》　未央《びおう》の柳
芙蓉《ふよう》は面《おもて》のごとく柳は眉《まゆ》のごとし
これに対して如何《いかん》ぞ涙《なみだ》垂れざらん
春風桃李《とうり》花《はな》開《ひら》くの夜
秋雨梧桐《しゅううごとう》葉落つるの時
西宮《せいきゅう》　南苑《なんえん》　秋草《しゅうそう》多く
宮葉《きゅうよう》　階《かい》に満ちて紅《こう》掃《はら》わず
梨園《りえん》の弟子《ていし》　白髪新《あらた》に
椒房《しょうぼう》の阿監《あかん》　青娥《せいが》老ゆ
夕殿《せきでん》に蛍《ほたる》飛んで思《おもい》　悄然《しょうぜん》
孤燈《ことう》　挑《かか》げ尽《つく》していまだ眠《ねむり》を成さず
遅遅《ちち》たる鐘鼓《しょうこ》　はじめて長きの夜
耿耿《こうこう》たる星河《せいか》　曙《あ》けんと欲するの天
鴛鴦《えんおう》の瓦《かわら》は冷《ひやや》かにして霜華《そうか》重く
翡翠《ひすい》の衾《しとね》は寒くして誰とか共《とも》にかせん
悠悠《ゆうゆう》たる生死　別れて年を経たり
魂魄《こんぱく》かつて来りて夢に入《い》らず

上皇の住居となった南内には太液池も未央宮もない。大明宮には太液池があるが、ここではそれを指していない。「長恨歌」は玄宗を「漢皇」すなわち漢の武帝に見立てて筋がはこばれているから、この二つとも漢の宮殿にあったものを取り出している。『三輔黄図』という書の「池沼」の条には、

太液池ハ長安故城ノ西、建章宮ノ北、未央宮ノ西南ニ在リ。

とある。実際には興慶宮内の風景である。

「西宮」は「西内」で「太極宮」、「南苑」は曲江のほとりの「芙蓉園」。「南内」とするテキストもあり、「南内」ならば「興慶宮」になる。方位で固有名詞でないように扱っている。「梨園の弟子」は玄宗に舞楽を習った楽人たち。「椒房」は皇后の御所、邪気を払い、温熱を保ち、兼ねて山椒に実の多く結ぶように子供の多いことを祈り、壁に山椒が塗りこめてある。「阿監」は女官長、「青娥」は若くて美しい女性。「鐘鼓」は時刻を告げる鐘と太鼓。

大意は次の通り。

帰って来てみると、池も苑《その》もみなむかしのままであり、太液池の蓮にも未央宮の柳にも変わりがなかった。

蓮の花は楊貴妃の顔のようであり、柳の葉は楊貴妃の眉のようである。それらを見るにつけ、どうして涙のこぼれないことがあろうか。

春風に桃李の花の開く夜につけ、秋雨に桐の葉の落ちるときにつけ、天子は楊貴妃を思って悲しまれるばかりであった。

西の御殿にも南の苑《その》にも秋の草が生いしげり、木の葉がきざはしにいっぱい散り敷いても、紅い葉っぱを掃うこともなかった。

むかし天子に舞楽を習った梨園の弟子たちも、今はもう白髪が生え、若くて美しかった皇后の御所のとりしまり役の女官も、今はもうすっかり老いてしまった。

夕方の御殿に蛍の飛ぶのを見ては、しょんぼりと思いに沈み、ぽつんとともっている灯火をかきたて、それが燃え尽きてもまだ寝つかれない有様であった。

時を告げる鐘や太鼓の音が間遠《まどお》に思え、初めて夜が長く感じられ、天の川のほのかに明るい空がもう明けようとした。

おしどりの模様のある瓦はひえびえとして、霜が真白におかれ、かわせみのぬいとりのあるふすまはさむざむとして、共に寝る人もいない。

はるかに生と死の世界に別れてから長い年月がたったが、貴妃の魂はこれまで天子の夢に現われることがなかった。

『楊太真外伝』には玄宗が南内にいて、夜更けに勤政楼に登り、欄干にもたれながら南の空を望んだ。目に映るものは夜霧と月の光ばかりであった。そこで感慨を催して次のような詩を作って歌ったとある。

庭前琪樹已堪攀　　庭前《ていぜん》の琪樹《きじゅ》すでに攀《よ》ずるに堪《た》うるも
塞外征人殊未還　　塞外《さいがい》の征人《せいじん》殊《こと》に未《いま》だ還《かえ》らず

庭に生えた美しい樹は枝を寄りすがるばかりに育ったというのに、国境のとりでにつかわされたつわものはまだ帰ってこない。

「琪樹」は「玉樹」と同じで、「玉で作られた木」「美しい樹」の意。夫の帰りを待ちわびる婦人の歎きに仕立ててあるが、黄泉《よみ》の国へ旅立ってしまった楊貴妃への思慕が託してある。

歌いおわると町中で、かすかにこの歌に答えて歌う者の声が聞えてきた。「あれはもと梨園にいた者ではないか。夜が明けたらつれてまいれ」と言い、高力士にさがさせてみると、果せるかな梨園の弟子であったという。

次にあるのも『楊太真外伝』のなかのものである。

至徳年間に華清宮に行幸した。随従の役人や女官たちはすっかり入れかわっていて、楊貴妃とともに賑々しく行列をくり出していたころとはすっかり様子が変ってしまった。玄宗は望京楼で楽人に「雨霖鈴《うりんれい》」の曲を演奏させた。この曲は蜀に行幸した時、桟道で雨の音と馬の鈴とがひびき合うのを聞き、馬嵬で死んだ貴妃を思って玄宗が作った曲である。

この曲がなかばまで来た時、玄宗はあたりを見まわして、さびしい気持となり思わず涙を落した。随従の人々もこれを知ってみないたましい思いにかられた。

右の話は『明皇雑録』などには次のようにある。

帝、蜀ニ幸シ、南ノカタ狭斜谷ニ入ル。霖雨ノ旬ニ弥《わた》ルニ属《しょく》ス。桟道中ニ於イテ鈴声《りんせい》ト雨ト相応ズルヲ聞ク。帝スデニ貴妃ヲ悼《いた》ミ、因リテソノ響ヲ採リ、「雨淋鈴ノ曲」ヲ為《つく》リ以テ恨ヲ寄ス。時ニ独《ひと》リ梨園ニ觱篥《ひちりき》ヲ善クスル楽工張徽《ちょうき》従ウ。帝ソノ曲ヲ以テ之ニ授ク。

至徳中ニ復《ま》タ華清宮ニ幸スルニオヨブ。従官嬪御ミナ旧人ニアラズ。帝、望京楼ニ於イテ張徽ヲシテ此ノ曲ヲ奏セシム。覚エズ悽愴トシテ涕ヲ流ス。ソノ曲後ニ法部ニ入ル。

「觱篥」は西域の亀茲《きじ》国から中国へ入った竹製の管楽器である。なお、この曲はのちに宮中の楽部の曲に入れられたという。

唐の詩人張祜《ちょうこ》はこの故事をふまえて「雨淋鈴」と題し次の七言絶句一首を作っている。

雨淋鈴夜卻帰秦　　雨淋鈴《うりんれい》の夜　卻《かえ》って秦《しん》に帰る
猶是張徽一曲新　　猶《なお》是《こ》れ　張徽《ちょうき》　一曲新《あらた》なり

長説上皇垂涙教　　長く説《と》く　上皇《じょうこう》　涙を垂《た》れて教えしを
月明南内更無人　　月明《つきあきら》かにして　南内《なんだい》　更《さら》に人なし

「秦」とは長安地方一帯で、ここでは長安城を指す。大意は次の通りである。

雨がしとしとと降りつづき、鈴の音とひびきあう行路の夜の印象がこの悲曲を作らせたが、天子は長安の都にお帰りになることができた。昔、楊貴妃と遊宴の日々をお送りになった驪山《りざん》の温泉宮に行幸《みゆき》されて、楽師の張徽《ちょうき》にまたこの曲を演奏させられた。それは今さらのようにまざまざと新しい悲しみをさそうものだった。張徽はいつも人に向って言った。「天子はさめざめとお涙を流されながら、わたしにこの曲をお教えくださった」と。月の明るい晩、ただ月が照らすばかりで、天子がひっそりとくらしておられた南内の御殿には、昔のおつきの人々はもう一人もいなかった。

比翼連理の誓い

玄宗が死に至る前に、方士の使う方術に頼って、いまは亡き楊貴妃の魂を招き寄せようとしたという話は、陳鴻の「長恨歌伝」、白楽天の「長恨歌」、宋の楽史の『楊太真外伝』にあり、いずれも、それらの最後を飾るもっとも迫力のある個所となっている。

清代の史家で詩人でもある趙翼《ちょうよく》は『甌北《おうほく》詩話』のなかで、このことを否定している。それは当時、玄宗は西内に幽閉されており、外部との交通は李輔国の厳重な監視下にあったから、方士が訪ねてくることなどありえないというものである。

しかし南内にいたころは何の拘束もなく出入りも自由だったので、方士を呼びこむことはあってもおかしくはない。中唐の詩人李益《りえき》の「過馬嵬」（馬嵬を過ぐ）という詩にも、

南内真人悲帳殿　　南内の真人　帳殿に悲しみ
東溟方士問蓬萊　　東溟《とうめい》の方士　蓬萊《ほうらい》を問う

という句がある。「南内の真人」とは玄宗を指す。悲歎にくれる玄宗に代って東海から来た方士が、仙山のある蓬萊へ楊貴妃を訪ねてゆくという意味である。もともと道教に深い関心を持っていた玄宗のことであるから、方士に向って「招魂」のことをたずねたりするくらいのことは十分にありうることである。ただその結果が「長恨歌」にあるような壮大なドラマになったかどうかは保証のかぎりではない。左に「長恨歌」の一節を順を追ってかかげてみることにする。

臨邛道士鴻都客　　臨邛《りんきょう》の道士《どうし》　鴻都《こうと》の客《かく》

能以精誠致魂魄
為感君王展転思
遂教方士殷勤覓
排空馭気奔如電
昇天入地求之遍
上窮碧落下黄泉
両処茫茫皆不見

能《よ》く精誠《せいせい》を以て魂魄《こんぱく》を致す
君王《くんおう》展転《てんてん》の思《おもい》に感ずるが為に
遂に方士《ほうし》をして殷勤《いんぎん》に覓《もと》めしむ
空《くう》を排《はい》し気《き》に馭《ぎょ》して奔《はし》ること 電《いなずま》の如く
天に昇り地に入りて之を求むること遍《あまね》し
上《かみ》は碧落《へきらく》を窮《きわ》め 下《しも》は黄泉《こうせん》
両処《りょうしょ》 茫茫《ぼうぼう》として皆見えず

大意は次の通り。

鴻都門のあたりに、蜀の臨邛から来ている方士がいた。その方士はまごころをこめて祈ると死者の魂を招きよせることができたとのことであった。

方士は天子が寝返りばかりうって、夜も眠れないほどに、楊貴妃のことを思っておられるのに同情したので、天子の命を奉じて念入りに、その魂を求めることにした。

方士は空をおしひらき、大気に乗って、いなずまのように走り、天上に上り、地下にもぐってくまなくめぐり求めた。

上は青空のはてまでも、下はよみじのはてまでもさがしたが、ただひろびろとしていて、その魂をみいだすことはできなかった。

「臨邛」は四川省成都の西南にある地名。「鴻都客」はあるいは人名かも知れない。ここでは鴻都門のあたりに寄寓していた方士とした。『楊太真外伝』ではこの方士には「楊通幽」という名前がある。「幽界に通う」意となる。「長恨歌伝」には、

三載一意、ソノ念衰エズ。之ヲ夢魂ニ求ムレドモ、杳《よう》トシテ得ル能《あた》ワズ。タマタマ道士アリ蜀ヨリ来ル。上《しょう》ノ心ニ楊貴妃ヲ念《おも》ウコト、カクノゴトクナルヲ知リ、自ラ言ウ「李少君ノ術アリ」ト。玄宗大イニ喜ビ、命ジテソノ神《しん》ヲ致サシム。

方士に名前があるだけで『楊太真外伝』でも方士の言葉は同じである。

「三載一意」は「三年間ひたすら」の意。「上」は「天子」。ここでは玄宗。「李少君ノ術」とは、漢の武帝のために亡き李夫人の魂を招き寄せたという方士李少翁の方術のこと。その記事は『漢書』の外戚伝をはじめ諸書にある。

忽聞海上有仙山
山在虚無縹緲間
楼閣玲瓏五雲起
其中綽約多仙子
中有一人字太真
雪膚花貌参差是

忽《たちま》ち聞く　海上に仙山《せんざん》有り
山は虚無《きょむ》縹緲《ひょうびょう》の間《かん》に在りと
楼閣《ろうかく》　玲瓏《れいろう》として五雲起《ごうんお》こり
其《そ》の中《うち》に綽約《しゃくやく》として仙子《せんし》多し
中《うち》に一人《いちにん》有り　字《あざな》は太真《たいしん》
雪膚《せっぷ》花貌《かぼう》　参差《しんし》として是《これ》なり

金闕西廂叩玉扃　　金闕《きんけつ》の西廂《せいしょう》　玉扃《ぎょくけい》を叩き
転教小玉報双成　　転《てん》じて小玉《しょうぎょく》をして双成《そうせい》に報ぜしむ
聞道漢家天子使　　聞くならく漢家《かんか》天子《てんし》の使《つかい》なりと
九華帳裏夢魂驚　　九華帳裏《きゅうかちょうり》　夢魂《むこん》驚く
攬衣推枕起徘徊　　衣《い》を攬《と》り枕を推《お》して起《た》って徘徊し
珠箔銀屛邐迤開　　珠箔銀屛《しゅはくぎんぺい》　邐迤《りい》として開く
雲鬢半垂新睡覚　　雲鬢《うんびん》　半ば垂《た》れて新に睡《ねむり》より覚め
花冠不整下堂来　　花冠《かかん》整《ととの》えず　堂を下《くだ》りて来《きた》る
風吹仙袂飄颻挙　　風は仙袂《せんべい》を吹いて飄颻《ひょうよう》として挙《あが》り
猶似霓裳羽衣舞　　猶《なお》　霓裳羽衣《げいしょううい》の舞《まい》に似たり
玉容寂寞涙闌干　　玉容《ぎょくよう》　寂寞《せきばく》　涙《なみだ》闌干《らんかん》たり
梨花一枝春帯雨　　梨花《りか》一枝《いっし》　春《はる》　雨を帯《お》ぶ

大意は次の通りである。

折しもたちまち海上に仙人の住む山があり、その山は何もない遥か遠いところにあると聞いた。

その地の高殿《たかどの》は玉のように美しく、五色の雲がわき起って、その中にはたくさんのつややかな仙女がいた。

その一人に、太真という名の仙女がいた。雪のような肌をし、花のような輝く顔をしていて、貴妃に似ているということであった。

そこで方士は仙山をたずね、黄金の御殿の西廂に行き、玉の扉をたたいて、侍女の小玉にたのんでおそばつきの双成にとりついでもらった。

唐の天子の使者と聞いて、花模様のとばりの中に寝ていた貴妃はあわてて夢からさめた。

急いで衣をとり、枕を推しやってたちあがると、しばらくためらって行ったり来たりしていたが、やがて珠のすだれや銀の屏風をおし開いて現われた。

雲のように美しい鬢は半ば垂れて、いま眠りからさめたというかっこうであり、花の冠もととのえないまま、急いで堂からおりて来た。

風がたもとを吹いてひらひらと舞いあがり、まるで霓裳羽衣の舞を舞っているようであった。

けれども玉のような顔はいかにも寂しそうであり、涙がとめどなく流れおち、まさに一枝の梨の花が春の雨にぬれているようであった。

東海中に蓬萊・方丈・瀛《えい》州の三神山があるというのは、『史記』の秦始皇本紀に出てくる徐福の話で名高い。「楼閣」は高殿であるが、『楊太真外伝』では「玉妃太真院」という額がで、再び道教にかかわる仙界に来たので架《かか》っていたことになっている。「字は太真」とあるが、再び道教にかかわる仙界に来たので俗名を棄て女道士時代の太真に戻ったことにしてある。「漢家天子の使」としてあるのは、このストーリーを漢の武帝のものになぞらえて筋を進めているためである。長い黒髪を垂らし、寝起きであわただしく出てくるところが劇的でもあり艶《えん》でもある。

「梨花一枝　春　雨《あめ》を帯ぶ」は、玉のように美しい顔が寂しげで、涙をはらはら流しているのを「梨の花が春の日の雨にしっとりぬれているようだ」と形容したもので、「長恨歌」のなかの名句の一つ。清少納言は『枕草子』三十四段「木の花は」で、梨の花なんてさしたる情趣もないものだが、この句を見たりすると、やはり満更ではない花のように思えてくると書いている。左にそれをかかげておく。

梨《なし》の花、世にすさまじくあやしき物にして、ちかうもてなさず、はかなき文などだにせず。愛敬《あいぎょう》おくれたる人の顔など見ては、たとひにいふも、げに葉の色よりしてあいなく見ゆるを、もろこしにはかぎりなき物にて、文にも作るなるを、さりともあるやうあらむとて、せめて見れば、花びらのはしに、をかしきにほひこそ、心もとなくつきためれ。楊貴妃、みかどの御使にあひて、泣きける顔に似せて、「梨花一枝春の雨を帯びたり」などいひたるは、おぼろげならじと思ふに、なほいみじうめでたきことは、たぐひあらじと覚えたり。

含情凝睇謝君王
一別音容両眇茫
昭陽殿裏恩愛絶
蓬莱宮中日月長
迴頭下望人寰処
不見長安見塵霧
唯将旧物表深情
鈿合金釵寄将去
釵留一股合一扇
釵擘黄金合分鈿
但令心似金鈿堅
天上人間会相見

情を含み睇《てい》を凝《こら》して君王《くんおう》に謝《しや》す
一別《いちべつ》　音容《おんよう》　両《ふた》つながら眇茫《びようぼう》たり
昭陽殿裏《しようようでんり》　恩愛《おんあい》絶え
蓬莱宮《ほうらいきゆう》　中《ちゆう》　日月《じつげつ》長し
頭《こうべ》を迴《めぐら》して下《しも》　人寰《じんかん》の処を望めば
長安を見ず　塵霧《じんむ》を見る
唯《ただ》　旧物《きゆうぶつ》を将《もつ》て深情《しんじよう》を表《あらわ》し
鈿合金釵《でんごうきんさい》　寄せ将《も》ち去らしむ
釵《さい》は一股《いつこ》を留《とど》め　合《ごう》は一扇《いつせん》
釵《さい》は黄金《おうごん》を擘《さ》き　合《ごう》は鈿《でん》を分《わか》つ
但《ただ》　心をして金鈿《きんでん》の堅《かた》きに似しめば
天上《てんじよう》　人間《じんかん》　会《かなら》ず相見《あいみ》ん

大意は次の通りである。

貴妃は思いをこめ目をこらしながら、天子にお礼を申しあげて言った。「お別れしてからは、お声を聞くことも、お姿を見ることも、はるか遠い世界のものになってしまいました。

昭陽殿でのご寵愛も絶えて、蓬萊宮に来てからは、もう長い月日が過ぎ去ってしまいました。

ふりかえって下方の人間界を望みましても、長安を見ることはできず、ただ塵やもやのたちこめているのが見えるばかりです。

今はただむかしのかたみの品で、わたくしの深い心情を表したいと思います。ここにあるらでんの小箱と黄金のかんざしとをことづけて持って行っていただきます。かんざしは一方の足をこちらにのこし、小箱はふたとみの一方をこちらにのこし、かんざしは黄金造りであるのをさき、小箱はらでん細工であるのを分けはなすことにいたします。

この黄金やらでんのように、かたく思いあっていさえすれば、天上界と人間界とに別れておりましても、いつかは必ずお会いできる時がありましょう」と。

「昭陽殿」にいたのは漢の成帝の愛姫趙飛燕。ここでは楊貴妃を趙飛燕に見立てている。「天上人間」とあるが、「天上」の対語が「人間」で、ジンカンと読む。地上の世界。仙人ではなく人間《にんげん》の社会のことである。

ここでいよいよ方士は仙界の楊貴妃に別れて玄宗のもとに戻ることになる。楊貴妃は万感の思いをこめて別れの言葉を述べ、天子への伝言を依頼する。

臨別殷勤重寄詞
詞中有誓両心知
七月七日長生殿
夜半無人私語時
在天願作比翼鳥
在地願為連理枝
天長地久有時尽
此恨綿綿無尽期

別《わかれ》に臨《のぞ》んで殷勤《いんぎん》に重《かさ》ねて詞《ことば》を寄《よ》す
詞中《しちゅう》に誓《ちかい》有り　両心《りょうしん》のみ知る
七月七日　長生殿
夜半　人なく　私語《しご》の時
天《てん》に在《あ》りては願《ねが》わくは比翼《ひよく》の鳥と作《な》り
地《ち》に在《あ》りては願《ねが》わくは連理《れんり》の枝《えだ》と為《な》らんと
天《てん》は長《なが》く地《ち》は久《ひさ》しきも　時有《ときあ》りて尽《つ》く
此《こ》の恨《うらみ》は綿綿《めんめん》として尽《つ》くるの期《き》なからん

（大意）方士が立ち去ろうとすると、貴妃はまたていねいに重ねてことづてをした。その中に誓いの言葉があり、玄宗と楊貴妃の二人の心だけが知っていることであった。

それは七月七日、長生殿で夜半誰もいないとき、ささやきかわした愛の言葉「天上にあってはどうか比翼の鳥となりたい、地上にあってはどうか連理の枝となりたい」というものであった。

天は長く地は久しいというが、いつかは尽きる時がある。けれどもこの恨みだけは消え失せる時がないであろう。

「七月七日」は七夕。宮中でも宮女たちが晴れやかに行事を楽しんだ。「長生殿」は華清宮にあった。七四二年（天宝元）に建てられ、「集仙殿」ともいい、神を祀ったところ。『老子』の「長生久視」の語によって名付けられている。「比翼連理」の四字成句は、夫婦の愛情の深いたとえとして用いられる。「天長地久」も『老子』のことば。「此の恨」とは、玄宗が楊貴妃と死別した無念さをいう。「無尽期」はテキストにより「無絶期」となっている。その場合は「絶ゆるの期なからん」となる。

誓いの言葉をかわす場面は『楊太真外伝』には次のようにある。

玉妃徐《おもむろ》ニシテ言イテ曰ク「昔、天宝十載、輦《れん》ニ侍シ、暑ヲ驪山宮ニ避ク。秋七月、牽牛《けんぎゅう》・織女相見ルノ夕、上、肩ニ凭《よ》リテ望ム。因リテ天ヲ仰ギ牛女ノ事ニ感ジテ密カニ心ニ相誓《あいちか》ウ『願ワクハ世世《よよ》、夫婦トナラン』ト。言畢《おわ》リテ手ヲ執リ各々《おのおの》嗚《お》咽《えつ》ス。此レ独リ君王之ヲ知ルノミ」ト。因リテ悲シミテ曰ク、「此ノ一念ニ由《よ》リ、又タ此ニ居《お》ルヲ得ズ。復《ま》タ下界ニ堕《お》チテ且ツ後縁ヲ結バン。或ハ天トナリ、或ハ人トナルモ、決《かな》ラズ再ビ相見テ、好合旧《きゅう》ノゴトクナラン」ト。因リテ言ウ「太上皇モ亦タ人間《じんかん》ニ久シカラズ。幸《こいねが》ワクハ唯ダ自愛セラレヨ、自ラ苦シムコトナカランノミ」ト。

ここで玉妃（楊貴妃）は三つのことを告げている。

第一は「天宝十年、玄宗のお供をして避暑のために華清宮へ行った。七夕の夜、玄宗は楊貴妃の肩にもたれながら天を仰ぎ、牽牛・織女の故事に感慨を新たにして玉妃に向い『後の世までも夫婦となろう』と誓われた。二人は手を執り合って泣いた。これは二人だけの知っている秘密である」こと。

第二は「こういう妄執があるので、私はもうこの仙界にはいられない。下界へ落されて玄宗さまとのちの御縁を結びたい。天界でか人の世でか、またお目にかかって以前のように仲睦まじい夫婦となりたい」こと。

第三は「太上皇様も、もうあまり長く生きられそうもない。どうか心楽しく暮して下さいますように、ゆめゆめくよくよなさらぬように祈っている」ということである。

ここに至って玄宗皇帝と楊貴妃の物語は、皇帝と貴妃という上下の身分をとり払い、平等な男と女がはげしい恋の炎をもやし、永遠の契りを誓う物語となっている。

陳鴻はその「長恨歌伝」のおわりに、白楽天が「長恨歌」を創作した動機を説明して、

意《おも》ウニ但ダニソノ事ニ感ズルノミナラズ、亦タ尤物《ゆうぶつ》ヲ懲《こら》シ、乱階ヲ塞《ふさ》ギ、将ニ来ラントスル者ニ垂レントスルナリ。

と言っている。玄宗・楊貴妃のことに感動したからだけではない。美人の罪を糺《ただ》し、身分の秩序の乱れをないようにし、後世の人を戒めるためだというのである。「尤物」は「すぐれたもの」「美人」の意で、ここでは楊貴妃を指す。「尤物人ヲ惑ワス」の語があり、美人は人を惑わすものとされている。ここでは楊貴妃が玄宗を迷わせて大事に至らしめたと言いたいのである。

また『楊太真外伝』もその結びに「史臣曰ク」の一節を載せ、そのおわりに、

イマ外伝ヲ為《つく》ルハ、徒《いたず》ラニ楊妃ノ故事ヲ拾ウノミニアラズ。マサニ禍階ヲ懲ラシメン

トスルノミ。

と記している。「禍階」とは「禍の起ってくる道筋」である。

両者ともその動機を「鑑戒」に置いていると主張しているが、もとよりそこに本意があるのではなく、それは世を憚ってのかりそめの言葉である。

玄宗と楊貴妃は二人の願いも空しく、あの世においても結ばれていない。

玄宗の墓は「唐朝十八陵」の一つとして陝西省蒲城県の東北の金粟山にある。墓表には「唐元宗泰陵」の文字が刻まれている。元宗は「玄宗」のことである。陪葬《ばいそう》されているのは楊貴妃ではなく、玄宗の忠実な側近で宦官であった高力士である。

楊貴妃の墓は依然としてその殺された馬嵬鎮の道路の傍らにある。近年は年ごとに整備され（観光地化され）て、もとの面影を失っているので、昭和八年刊の足立喜六の『長安史蹟の研究』（東洋文庫）にある文章を転載しておく。

楊貴妃の墓

馬嵬駅の西郊すなわち扶風街道の右（北）側に「唐楊貴妃墓」と記した小碑がある。夫《それ》より数十尺の石階を上ると高さ一丈余の冢《つか》がある。冢前に畢沅《ひつげん》の建てた一碑が「唐元〔玄〕宗貴妃楊氏墓」と標している。冢の周囲には土墻《どしょう》を繞らして、内に数株の老柏が淋しく立っている。冢前の祠堂には二三の女人が住んで奉仕している。堂壁には唐宋名士の弔詩を刻し、明清諸家の詩を題して之を愍《あわれ》んだものが極めて多い。

畢沅は清末の学者の名である。土饅頭《どまんじゆう》は「丈余」（三・三メートル余）とあるが、いまはこれにまんべんなく磚《せん》すなわち煉瓦が冠《かぶ》せてある。それはこの墓の土で顔を洗うと美人になるという伝説があり、放っておくと大量の土が持ち去られてしまうからだとのことである。

玄宗と楊貴妃のロマンスの舞台となった華清宮は、その後どうなったであろうか。

二人が美々しい行列をつらねてしばしばここを訪ねていたころは、この離宮のほとりの村々にも賑いがあった。それは宮廷人や役人の往来に加えて、多くの見物人がつめかけ、ここでくりひろげられる皇帝と楊貴妃のはなやかな生活を一目見ようと望んだからである。抜け目のない商人たちは御殿の前の雑踏のなかで、さわがしく物売りをして客寄せをするありさまであった。

安史の乱がおさまり長安に戻ったものの、太上皇となった玄宗は、もはやほとんどこの地を訪れることはできなかった。以後は天子の行幸も絶え、唐末にはほとんど廃墟と化した。唐が滅んで五代になると、華清宮は道教の寺院である「道観」にされ、道士たちに与えられてしまった。

現在の建物は再建された清の乾隆《けんりゆう》以後のものである。ここが再び注目を浴びたのは一九三六年一二月に起った「西安事件」の時である。当時、国民政府をひきいる蔣介石は華清池に滞在していたが、東北軍総司令の張学良に襲われ逮捕監禁された。この報道は世界の耳目を震撼させた。いまの華清池には蔣介石の宿泊していた「五間庁」がそのまま保存されており、窓には事件の時の弾痕が生々しく残っている。

なお、文化大革命のころは、華清池は「反修池」「反帝池」などという無粋な名称に変えさせられていたそうである。いうまでもなく「反修」は「反修正主義」、「反帝」は「反帝国主義」である。

第七章　余聞・遺事

楊貴妃の最期

史書の記述は次の通りである。

『旧唐書』玄宗紀

上、スナワチ力士ニ命ジテ、貴妃ニ自尽ヲ賜ウ。

『旧唐書』后妃伝

力士復《ま》タ奏ス。帝已《や》ムヲエズシテ妃ト訣《わか》ル。遂ニ仏室ニ縊《い》死《し》セシム。時ニ年三十八ナリ。駅ノ西ノ道側ニ瘞《うず》ム。

『新唐書』玄宗紀

方士、熱田に来るの図（『尾張名所図会』）

貴妃楊氏ニ死ヲ賜ウ。

『新唐書』后妃伝

帝已《や》ムヲ得ズ、妃ト訣ル。引キテ去リ、路祠ノ下ニ縊ス。尸《し》ヲ裹《つつ》ムニ紫ノ茵《しとね》ヲ以テシ、道側ニ瘞《うず》ム。年三十八。

『資治通鑑』粛宗至徳元年の条

上乃チ力士ニ命ジテ貴妃ヲ仏堂ニ引キ、之ヲ縊殺セシム。尸ヲ駅ノ庭ニ寘《お》キ、玄礼ラヲ召シ、入リテ視セシム。

これらを見ると、『新唐書』を除いていずれも高力士がかかわっている。死に方は「自尽ヲ賜ウ」「縊死セシム」「死ヲ賜ウ」「縊ス」「縊殺セシム」と分かれるが、方法が「縊死」であったことに落ち着くと見てよい。

場所は、『旧唐書』后妃伝は「仏室」、『新唐書』后妃伝は「路祠ノ下」、『資治通鑑』は「仏堂」であり、道側の小さな仏堂か、ほこらのようなものが想像されている。

唐の李肇《りちょう》の『唐国史補』には、

力士ニ命ジテ貴妃ヲ仏堂ノ前ノ梨樹ノ下ニ縊《くび》ラシム。

とあり、仏堂の前に新たに「梨樹」が生えていたことになるが、これは「長恨歌」に「梨花一枝春帯雨」（梨花一枝　春　雨を帯ぶ）という句があるのを利用したものだと指摘されている。

小説・伝奇の類の記述は次の通りである。

「長恨歌伝」には、

　上免レザルヲ知リテソノ死ヲ見ルニ忍ビズ、袂ヲ以テ面ヲ掩《おお》イ、之ヲ牽キテ去ラシム。倉皇展転、ツイニ死ニ尺組《せきそ》ノ下ニ就ク。

とある。「倉皇展転」とは「あわただしく」の意。「尺組」は「役人が帯びている短い組ひも」である。ここには場所は書いていないが、縊殺の方法として「組ひも」が出されている。これは高力士の持っていたもので、これで縊《し》めて殺したということであろう。

『楊太真外伝』には次のようにある。

　力士ヲシテ死ヲ賜ウ。妃泣涕嗚咽シ、語ラントシテ情ニ勝《た》エズ。乃チ曰ク「願ワクハ大家好住《こうじゅう》セラレヨ。妾誠ニ国恩ニ負《そむ》ケリ、死ストモ恨ムコトナシ。乞ウマサニ仏ニ礼スベシ」ト。帝曰ク「願ワクハ妃子モ善地ニ生ヲ受ケヨ」ト。力士遂ニ仏堂ノ前ノ梨樹ノ下ニ縊《くび》ル。ワズカニ絶エシトキ、南方ヨリ茘枝《れいし》ヲ進メテ至ル。上之ヲ覩《み》テ、長号スルコト数息、力士ヲシテ曰ク「我ト之ヲ祭レ」ト。

『外伝』に至ると内容が急にくわしくなり、死ぬ前に玄宗と楊貴妃との会話が入ってくる。

「大家」というのは側近の者が「天子」を呼ぶ時の言葉。「好住」とは「健在」と同じ。「お達者で」というあいさつ。

楊貴妃はさめざめと泣いて涙を流したあと、玄宗に向い「天子さま、どうぞお達者であれますように、私は国の御恩に負《そむ》きましたので、死んでもお恨みいたしません。せめておわりに仏様に手を合わさせて下さいませ」と言った。

玄宗もこれに答えて「妃よ、そなたもよきところに生まれ変るように」と声をかけた。それから高力士が仏堂の前の梨の木の下で首をしめたことになっている。

なお『外伝』では、貴妃が息絶えた直後に南方から貴妃好物の茘枝《れいし》が届き、これを見て玄宗が一層歎き悲しむという一段までついている。

また、次のような故事も記す。

以前に李遐周《りかしゅう》という道士が次のような詩を作った。

燕市《えんし》人皆ナ去リ　函関馬帰ラズ
モシ山下ノ鬼ニ逢ワバ　環上ニ羅巾《らきん》ヲ繫《つな》ガン

「燕市人皆ナ去リ」とは、安禄山が范陽の兵士をひきいて押し寄せてくること、「函関馬帰ラズ」とは、哥舒翰が潼関で敗れること、「山下ノ鬼ニ逢ウ」とは「嵬」の字のこと、つまり馬嵬の駅を指す。「環上ニ羅巾ヲ繫《つな》ガン」とは、玉環（貴妃）に高力士が羅巾（薄絹の手巾）で手にかけることの意となり、すべて予言されていたことになる。

ここには高力士が縊殺に「羅巾」を使ったことになっている。

なお、これにつづく一段では、楊貴妃の死を伝え聞いた安禄山が、生前玄宗の前で親しく談笑したことどもを思い起し、何日も歎き暮したと記してある。

果して馬嵬の道傍に好都合な仏堂があったのかどうか、死ぬ前に玄宗とどんな誓いをしたのか、どんな言葉を交したのか、死んだのは仏堂の中か外か、梨の木があって、その下なのか、実行行為者は高力士だったのか、高力士の指示を受けた内侍であったのか、内侍の力が弱かったので蘇生して日本に来たというのが、後に述べる「貴妃渡日説」の根拠である。なお「新・旧唐書」の高力士伝では馬嵬事変には一切触れておらず、「玄宗蜀ニ幸ス。力士幸《こう》ニ成都に従ウ。進ミテ斉国公ニ封ゼラル」とのみ記されている。

「縊殺」か「縊死」かについて、大野実之助博士の『楊貴妃』では、

楊貴妃の終焉については両説があり、あるいは「縊殺」と記し、あるいは「縊死」と言っているが、縊殺と縊死とでは必ずしも同様でない。縊殺とは、他人の力をもってくびり殺すことであり、縊死というと、他人の力が直接加わらず自らの意志でくびり死ぬことであると解釈する。このことを換言するならば、縊殺が他殺であるのと異なり、縊死は自殺ということになる。筆者は司馬光の見解を是認して、楊貴妃の最期を縊殺と理解する。

最後に唐の詩人劉禹錫《りゅううしゃく》の次の詩「馬嵬行」を見ておきたい。

緑野扶風道
黄塵馬嵬駅
路傍楊貴人
墳高三四尺
乃問里中児
皆言幸蜀時
軍家誅佞幸
天子舍妖姫
群吏伏門屏
貴人牽帝衣
低回転美目
風日為無暉
貴人飲金屑
倏忽蕣英暮

緑野扶《りよくやふ》風《ふう》の道
黄塵馬嵬《ばかい》の駅
路傍の楊貴人《ようきじん》
墳《つか》の高さは三四尺《さんししやく》
乃《すなわ》ち問う里中《りちゆう》の児《じ》
皆な言う蜀《しよく》に幸《こう》せらるるの時
軍家《ぐんか》、佞幸《ねいこう》を誅《ちゆう》し
天子妖姫《ようき》を舍《す》つと
群吏門屏《もんぺい》に伏《ふ》し
貴人帝衣を牽《ひ》く
低回《ていかい》して美目《びもく》を転《てん》じ
風日《ふうじつ》　暉《き》なしと為《な》す
貴人　金屑《きんせつ》を飲み
倏忽《しゆつこつ》たり蕣英《しゆんえい》の暮

「馬嵬の路傍の楊貴妃の塚のそばで、里中の若者に聞いてみると、玄帝様は蜀に落ちのびら

楊貴妃墓（陝西省興平市／著者撮影）

れるときに、ここで難に遭われ、軍に迫られて泣く泣く楊貴人を亡くしてしまわれた。楊貴人は金屑《きんせつ》を飲み、たちまち世を去った」とある。「金屑」はふつうには黄金の粉のようなものである。

もしこの通りだとすると、楊貴妃は金を飲んで自尽したことになる。黄金の粉を飲んで死ねるものかどうかは知らないが、劉禹錫は中唐の人で白楽天と親交のあった人である。「里中の児」に聞いたことになっているから、地元ではそのころそういう伝承もあったのであろう。

宋の王楙《おうぼう》の『野客叢書』に次のような記事がある。

李肇《りちょう》の『唐国史補』の注によると、楊貴妃が馬嵬の梨の木の下で死んだあと、近所に住むある媼《おうな》が「錦韈一隻《きんべついっせき》」

（錦で造った足袋、靴下のようなものの片方）を手に入れた。彼女はこれを街道を往来する客ごとに一〇〇金で見せて金持になった。

また『玄宗遺録』によると、高力士は貴妃が死んだ時、その韈の一隻だけを取っておき家に隠していた。ところが玄宗が夢のなかでこのことを知り、高力士に「持っているのではないか」とたずねた。そこで彼はこれを差し出した。すると玄宗は「妃子遺《のこ》す所の羅韈銘《らべつめい》」を作った。それは「羅韈よ羅韈、香塵《こうじん》生じて絶えず」というものであった。

この二つは内容は異なるが、ともに貴妃が韈を遺《のこ》したことを言っている。劉禹錫の「馬嵬行」にもこれに類することが叙せられているから根拠のないことでもなさそうだ。

これは現地に残った遺留品伝説である。

つぎに筆者が先年馬嵬の楊貴妃墓を訪れた時、購入した『楊貴妃伝説故事』（陝西旅游出版社、一九八八年刊）に収める「貴妃衣冠冢《きひいかんづか》」の記事を紹介しておきたい。

長安に帰った玄宗が楊貴妃の改葬を思い立ち、役人を馬嵬に派遣した。しかし現地では、あの時、あわただしく土を掘って、ほうりこむようにして埋めたため、どうやっても場所をさがし出すことができなかった。こんなことでは都に戻って玄宗にどうやって報告してよいか、役人も途方にくれた。ちょうどその折、土地の人から耳よりな話を聞きこんだ。それは次のようなものである。

貴妃が仏堂前の梨の木でみずから縊れて死んだ時、靴と靴下の片方ずつを遺した。

駅卒（兵士）の一人がこれを手に入れて家に帰り、母親にあずけた。母親は馬嵬で茶を売っていた老太太（おばあさん）である。ふしぎなことに、この靴と靴下はえもいわれぬ香《こうば》しいかおりがした。それは何里も離れたところにいる人にも匂ってきた。これが近所の人を驚かせた。人々は群をなして見物にやってきた。老太太はがっちりと各人に銅銭二枚を払わせてから、はじめて見せてやった。それでも一目見たいという人はひきもきらず、とうとう老太太は一財産をつくり、茶店の方はいつしかやめてしまった。

役人はこの話を聞いて大いに喜び、高い値段でこれらを買い取り、事情を調査した上で、いまの楊貴妃冢のあるところにこれらを埋め、都に戻って玄宗に復命した。だから現在の「楊貴妃墓」は「衣冠冢」である。

「衣冠冢」は本来形見の衣冠を葬った墓のことであるが、広く形見の品を納めたものを指してもいう。ここにはもともと亡骸《なきがら》はなく、入っているのは靴と靴下の片方ずつだという説である。

日本渡来伝説

楊貴妃の亡骸がついに見つからなかったという説があるせいでもあろうか、楊貴妃は実は馬嵬では死んでいなかったという伝承がある。その一つは「替え玉説」、その一つは「蘇生説」である。死ななかった彼女はどうしたかというと、側近に守られて日本に渡ったのだという。

渡辺龍策著『楊貴妃後伝』が依拠しているのは香港の小説家南宮博の『楊貴妃』であるが、この著は蘇生説をとっている。

馬嵬の仏堂の床で突然蘇生した楊貴妃は、見守っていた宮女たちの計らいで、まず湖北省西北部の襄陽《じょうよう》に送られた。そこで二本マストの河舟を雇い、渭水を下って江夏《こうか》に停泊した。それを一〇〇キロ下れば揚子江（長江）の流れる武漢に通ずる。

ここから遡って玄宗のいる四川に出て成都に行くか、気候のよい揚州に下るかとの選択があり、結局、揚州に下った。まもなく、玄宗がすでに退位し、新政権でも楊氏一族への反感が強く残っているのを知った。一度死んだことになっている楊貴妃が玄宗のもとに戻るのはもはや困難である。そこで彼女は母国に帰る日本人使節の船に乗せてもらって中国を離れる決心をした。

小説はこういう具合になっているようだ。これはあくまでも「楊貴妃は生きていた」という「風説」にもとづく創作である。日本でも行なわれている「ジンギス汗は義経なり」「秀頼は薩摩にかくまわれた」「西郷さんはどこかにいる」という類の話である。

伝説で楊貴妃が漂着したとされているのが、山口県大津郡油谷町《ゆやちょう》（現・長門市）の久津《くづ》の

日本にある楊貴妃の墓（山口県長門市二尊院／著者撮影）

海岸である。ここは日本海に面した北長門海岸国定公園の一部で、向津具《むかつく》半島に囲まれた湾内である。油谷町に隣接するのは日置《へき》町（現・長門市）と長門市である。筆者も先年、防府《ほうふ》市に住む教え子F君の案内でこの地を訪ねたことがある。柿本人麻呂を祀った人丸神社のある山陰本線「人丸駅」で下車して、海の見える美しいバス路線を行き、久津で降りると間もなく「楊貴妃の墓」と書いた標識があった。桜の花の咲いていたころで、明るくのどかな海辺の道であった。墓のあるのは二尊院という寺院である。ひっそりと建つ小さな寺ではあるが、鎌倉期と伝えられる檜の寄木造りの釈迦如来と阿弥陀如来がある。この二尊を併立させて本尊としているので、二尊院という。像はどちらも一メートルぐらい、漆箔で彩色玉眼入りである。

F君とここにぬかずいた後、おもむろに本堂の裏手をまわり、目指す「楊貴妃の墓」に向った。墓はやや高台にあり、そこからは久津湾が一望できた。自然石を積んで立方形に築かれた土台の上に花崗岩でできた五輪の塔があった。これが墓石である。どういうわけか、この五輪の塔の周囲には大小の石がごろごろところがっており、そのなかには、さらにいくつもの小さな五輪の塔があった。それが一種の荒涼たる想いを誘った。

五輪塔は鎌倉時代末期の様式だそうである。県指定の重要文化財になっている。近くに「謎とロマンのただよう伝説　楊貴妃の墓」と題する説明の板が建っていた。

言い伝えによると、揚子江の河口を出たのち、楊貴妃は空艫舟《うつろぶね》でこの里の唐渡口《とうどぐち》という海岸に流れつき、まもなく死去したので、里人たちがこの高台に埋葬してやった。玄宗皇帝は夢でそのことを知り、追善のために陳安という将軍を日本に送り、釈迦と弥陀の二尊像と十三重の宝塔とを造らせたのだという。

高台の向うには久津漁港があった。静かな海の上を船がすべるように走っていた。Ｆ君と私はさんさんとふりそそぐ春の光の中に長いこと立ちつくしていた。その日は近くの宿に泊り、夜は「玄宗の湯」に入り、朝は「楊貴妃の湯」につかった。その後、同地には西安美術学院制作の高さ四メートル（実数は三・八メートルで楊貴妃が没したときの数え年三八歳にちなんでいる）に及ぶ楊貴妃像が建てられたとのことである。私たちは古びた五輪塔だけを前にして楊貴妃を偲んで感傷にふけることのできた最後の人になってしまったのかも知れない。

楊貴妃は熱田神宮の明神の化身で、馬嵬で死んだ後、熱田の杜《もり》に帰ってきていたという説がある。いまはないが、昔は社殿の後に五輪塔があり、それが楊貴妃の墳墓だったとのことである。なぜ熱田明神の化身が楊貴妃だったのか、室町時代の学者清原宣賢《きよはらのぶかた》の『長恨歌并琵琶行秘抄』という「長恨歌」の講義録に次のようにある。

一説ニ此ノ蓬萊ト云フハ、日本ノ尾張ノ熱田明神ヘ尋ネ行クト云フ義アリ。玄宗ノ日本ヲ攻メテ取ラントスルホドニ、熱田明神ノ美女ト成リテ玄宗ノ心ヲ迷ハスト云フ。ソノ証拠ニハ此ノ社ニ「春叩門《しゅんこう》」ト云フアリ。春ノコロ、此ノ戸ボソヲ道士ガ叩ク故ニ其ノ門ノ額ヲカクノゴトクウツト云フ。是レハ一説ナリ。

これは「長恨歌」の「蓬萊宮中日月長」の「蓬萊」についての説明に関連して語られている。玄宗が日本を攻め取る野心ありと見てとった熱田明神が、この国の安全と平和を守るために楊貴妃に化身して玄宗に侍り、政治を怠らせ安禄山の大乱を引き起させて見事目的を達し、熱田に帰ったというのである。蓬萊宮を訪ねた道士が行きついたのは熱田の杜である。ここには春の日に扉を叩（敲）いたので「春叩（敲）門」とよばれるようになった門があったという。現に神宮には小野道風筆と伝えられる「春敲門《しゅんこうもん》」と書いた門額が保存されている。

これよりさき鎌倉時代に成立した『曾我物語』巻二「玄宗皇帝の事」にも、

（玄宗）、我が朝尾張国に天降り八剣明神と現れ給ふ。楊貴妃は熱田の明神にてぞ渡らせ給ひける。蓬莱宮はすなはち此の所とぞ申し候ふ。

とあり、これが宣賢の引く「一説」のはじまりのようである。このほか、神々が高天原《たかまがはら》で談合し、玄宗の脅威から日本国を救うために熱田明神は楊貴妃に、住吉明神は安禄山に、熊野権現は楊国忠に生まれ変って唐土に渡ったのだという説もある。このほか、熱田に向う上陸地として船は尾州智多郡宇津美浦《うつみうら》（愛知県知多郡南知多町内海《うつみ》）に漂泊したという言い伝えもある。古川柳に、

三千の一つは熱田へ御遷宮

とあるのは、玄宗皇帝の「後宮の佳麗三千人」のうちの一人である楊貴妃は、のちに熱田神宮へ御遷宮になったと揶揄《やゆ》しているのである。

なお、日本へ来た楊貴妃が宮中に召され、女帝孝謙天皇に優遇され、政務にも貢献したという話もある。

楊貴妃その人ではないが、その坐像が中国から伝来したという伝承がある。それは京都の泉涌寺《せんにゅうじ》にある「楊貴妃観音」である。これについては、筆者はかつて『中国の知嚢《ちのう》』（下）（中公文庫）のなかで随想を発表しているので、いまここにその一部を節略して再録してお

きたい。

楊貴妃観音

杉田ひさ女《じょ》は大正年間から昭和のはじめにかけて「ホトトギス」で活躍した天才的な女流俳人である。高浜虚子に師事し「ホトトギス」の同人となったが、のちこれを離

楊貴妃観音（京都市泉涌寺所蔵）

れ、北九州にいて俳誌「花衣」を主宰した。

強すぎる個性のため人のいれるところとならず晩年は寂しいものであったが、その高揚する浪漫的な俳風は多くの読者を魅了した。ことに大分の英彦山《ひこさん》で詠んだという、

谺《こだま》して山ほととぎすほしいまま

の一句は名吟として知られる。ほかに作品のいくつかを拾ってみると、（中略）こうしたなかで、私が最も愛誦しているのは、

風に散る楊貴妃桜房のまま

の一句である。

楊貴妃桜は八重桜の一種で、春の季語である。花はその名の通り絢爛豪華《けんらんごうか》であり、おそらくひさ女の好みの花でもあったろう。

咲き誇る花に折しも吹き寄せる春の嵐、あわれ烈風に花は房のまま吹き落とされてゆく。風はなおも吹きつづける。歓喜から悲哀へという「暗転」の一瞬をひさ女の眼はすばやく捉えた。彼女の胸中にはもちろん楊貴妃の栄華といたましい破滅へのおもいが浮かんでいたことであろう。

ところで日本には一体の楊貴妃観音がある。そこは京都東山の泉涌寺である。この寺は東山三十六峰の一つ月輪山の山麓にあり、皇室歴代の菩提所となっているところから、古来「みてら」と尊称されている名刹《めいさつ》である。

いま東山通りから長くつづく「泉涌寺道」をゆっくりと登ってゆくと、やがて森厳なたたずまいの寺の境内に辿りつく。入口の門を入ってすぐ左手に小さなお堂がある。これが「楊貴妃観音堂」である。堂内に安置されている楊貴妃観音は木彫極彩色の等身の坐像である。堂前には一本のしだれ桜があり、立札には「楊貴妃桜」と記されている。

この観音像は唐の玄宗が楊貴妃を追慕して作らせた似像の観音像で、湛海律師《たんかいりつし》という僧が宋に渡って修行したのち、帰国に当たって請来《しょうらい》したものだと伝えられる。（以下略す）

この観音像は洛西太秦《うずまさ》の広隆寺の弥勒菩薩とならんで洛東の美貌の仏像として讃嘆されているものである。豊頬肥満《ほうきょうひまん》でいわゆる「樹下美人」式の美人、盛唐時代の好みにも一致している。玄宗の時代は享楽主義で官能的快楽が追求されたから、理智的な長顔痩形よりも情熱的肉感的な丸顔で肥った女性が歓迎されたというのが定説である。

『旧唐書』后妃伝にも楊貴妃を評して「資質豊艶《ししつほうえん》」と記しているし、小説の『梅妃伝』にも、彼女が楊貴妃を「肥婢」（デブ）とののしったとある。この仏像がそうだなどと畏れ多いことを言うわけでは決してないが、楊貴妃はたしかにこの観音様のようにふくよかで、ゆったりとした体型の人であったらしい。竹久夢二の描くような女人を想像するのは誤りである。

『開元天宝遺事』にも「含玉嚥津」（玉《ぎょく》ヲ含《ふく》ンデ津《しん》ヲ嚥《の》ム）と題して、次のような記事がある。

貴妃モトヨリ肉体アリ。夏ニ至リテ苦熱《くねつ》スレバ、常ニ肺渇《はいかつ》アリ。毎日一玉魚児《いちぎょくぎょじ》ヲ口中ニ含ム。ケダシソノ涼津《りょうしん》ヲ藉《か》リテ肺ニ沃《そそ》グナリ。

楊貴妃は肥《ふと》り肉《じし》で暑がりであった。夏の盛りにはことに堪えがたく、息も苦しいほどであった。そこで口に玉で造った小さな魚を入れ、冷たい唾液を出し、それを嚥みこんで、暑さを切り抜けていたという話。

宦官高力士

英語に「去勢された男子」という意味で、eunuch〔júːnək〕という単語がある。こうした去勢 castration という風習はアフリカや古代オリエントで行なわれ、ローマ帝国時代にも及んだ。いわゆる宦官《かんがん》のことである。クレオパトラ時代の近衛隊長が宦官であったのはよく知られている。オスマントルコのハーレムの管理に宦官が用いられたのも有名である。古くはヨーロッパの教会でも去勢された少年たちが合唱隊を編成し、ソプラノやコントラルトのパートを受け持ったりした。

中国では古く殷《いん》（商）の武丁《ぶてい》の時に宦官がいたことが、当時の甲骨文によってたしかめられる。『詩経』秦風の「車鄰《しゃりん》」の詩にも「寺人《じじん》」という語があり、毛伝に「内小臣ナリ」という注がついており、やはり宦官であるとされている。「宦」という文字そのものは「見習い官吏」という意であり、動詞としても「宮仕えする」ことであり、去勢の意味はない。

宦官の呼び名には宦者・寺人・閹人《えんじん》・奄《えん》人・閹官・中官・浄身人・貂璫《ちょうとう》・太監《たいかん》・内豎《ないじゅ》・椓《たく》人《じん》・火者《ホージャ》など多数がある。

中国では宮中で女官の監督、内廷の雑用に使役されたが、君側に近侍していたため、次第に権勢を握り、君主の補佐役、外廷と内廷との調整役として機能し、しばしば陰の宰相、政界の実力者として威力を誇った。

宦官になった者には（1）辺境での俘虜、（2）外国から貢進された者、または輸入奴隷、（3）宮刑という去勢の刑に処せられた者、または罪人の子孫で宮刑を加えられた者、（4）みずから去勢した者（これを自宮者《じきゅうしゃ》という）、または親の命令で去勢された者などがある。自宮というのも理解しがたいことであるが、貧民の子弟などで富貴を得るために志願した者が数多くいたとのことである。

唐王朝は北朝の系列に属していたこともあって、宦官の勢力が強く、玄宗時代には四〇〇〇人以上もの宦官がいたとされる。明代は宦官の専横のために亡んだとまでいわれているが、清末にもなお少なからぬ宦官が生き残っていた。いま北京大学の南門のあたりは中関村《ちゅうかんそん》とよばれているが、これは実は中官村であり、清廷に仕えた宦官の邸宅や墳墓のあったところだという話を聞いたことがある。この宦官にも本場というものがあり、明清時代の宦官(自宮者)の出身は多く河北省の河間地方であった。

高力士の伝は、「新・旧唐書」の宦者伝、宦官伝にある。彼のような宦者が出仕しているのは、唐代の官制では六省の一つの内侍省《ないじ》である。これは宮内庁のような役所であるが、内局に五局あり、女官の勤務・管理についてすべての事務を取り扱う。外局は内侍から寺人までの階位があり、天子の側近をつとめる。内侍省の長官は四人いる内侍のなかの先任者がなることになっているが、宰相が三品官であるのに対し、それにつぐ四品官と定められている。

しかし高力士の場合は、功により最後には一品官である驃騎《ひようき》大将軍に昇進している。その出身について『新唐書』の伝は次のように記している。

高力士ハ馮盎《ふうおう》ノ曾孫ナリ。聖暦ノ初、嶺南討撃使李千里、二閹児《えんじ》ヲ上《たてま》ツル。金剛ト曰《い》イ、力士ト曰ウ。武后ソノ彊悟《きようご》ナルヲ以テ勅《ちよく》シテ左右ニ給事セシム。

高力士は嶺南の蛮酋だった馮盎の子孫で、小さい時に去勢されていたのを嶺南討撃使の李千里がもう一人の少年の金剛という者とともに則天武后に献上したものである。武后はその聡明なのを愛して左右に侍らせていた。

のち同じ宦官の高延福の養子となり、高の姓を名乗ることとなった。彼は若者になっても背はあまり高くはなかったが、頭脳は緻密でよく詔令を伝達したので、内局の一つである宮《きゆう》闈局《いきょく》の丞（副官）になった。この局は宮門の取締りを任としていた。玄宗はこのころから彼と知り合っており、きわめて親しい間柄にあった。やがて皇太子となった玄宗は、高力士を内房に入れて属官とした。その後、側近にあって数々の功労があり、玄宗が天子になると、開元のはじめには右監門衛将軍知内侍省事の官を加えられた。

両人は相性がひどくよかったらしく、『旧唐書』の伝によれば、

四方ノ文表ヲ進奏スルゴトニ、必ズ先ズ力士ニ呈シ、然ル後ニ進御ス。小事ハ便《すなわ》チ之ヲ決ス。玄宗ツネニ曰ク「力士当上スレバ、我ガ寝《しん》スナワチ穏ヤカナリ」ト。故ニ常ニ宮中ニ止マリ、外宅ニ出ズルコト稀ナリ。

天子への上表文はまず高力士が検分してから天子のもとに届けるが、小さな問題などは彼自身がその場で専決してしまったほどであった。また玄宗は「高力士が側近く侍っていない夜は安らかに眠れない」と言うほどで、文字通りそば身離さず置いておいた。いわば君臣一体であり、高力士は玄宗の分身のようになっていた。この奇妙な信頼関係は、まさに天子の「孤独」の然らしめるところであろう。

このためその意を迎える人々も多かった。『旧唐書』によれば、宇文融、李林甫、李適之、韋堅、楊国忠、安禄山、高仙芝など、玄宗朝の高官らはすべて高力士の推挽《すいばん》によってその地位に昇った者だとされている。忠王時代の粛宗が武恵妃の子の寿王と皇太子の位を争った時、李林甫らの推す寿王が退けられたのは「長子を立てよ」との高力士の進言によるもの

であった。このため粛宗も東宮時代から高力士を二兄と呼んで尊んでいた。他の王や公主らも彼を「阿翁」と呼び、玄宗も高力士に対しては決して名を言わず、いつも「将軍」と呼んでいたほどであった。

官位が高くなり実権が強くなるとともに経済的にも恵まれることとなり、その富は王侯にも匹敵した。長安の来庭坊には宝寿寺を建て、興寧坊には華封道観を造った。

唐の郭湜《かくしょく》の著である『高力士伝』があり、高力士一生の物語を綴っているが、そのなかには天宝年間に高力士がしきりに玄宗に諫言していることを記している。ことに老境に入るとともに玄宗が国政を宰相に委ねることが多くなったことを戒め、国辺において勢力を拡大する節度使安禄山の反乱を予言して苦言を呈している。七五六年（天宝一五）六月一三日、安禄山の長安進攻を恐れて蜀幸を定めた時、玄宗が高力士に向い、

卿ノ往日ノ言ハコレ今日ノコト、朕ノ歴数マタ余リアリ。スベカラク憂懼《ゆうく》スベカラズ。

と言ったという。「汝の予言した通りになってしまって相済まぬが、これで命運が尽きたわけではないから、取り越し苦労はしないでよい」という意味である。やがて一行は西進して馬嵬駅に至り、楊貴妃を縊殺するという事変が生じるのであるが、この時の縊殺の役目は高力士が担った。これも玄宗が最後にはいつもの通り高力士の政治的判断に委ねるという方法をとったことによるものであろう。

玄宗が蜀から還幸した後も、高力士は上皇となった玄宗の側近にあり、官位も開府儀同三

司を加えられ、実封五〇〇戸の禄も賜わっている。その前にも斉国公に封じられているから、都落ちから還御までの苦難の時期を切り抜けるのに発揮された高力士のすぐれた才覚が認められたのであろう。七六〇年（上元元）七月に玄宗が興慶宮から西内の甘露殿に移された時も、高力士は玄宗に従ってここに移った。

そのころ粛宗の側近で権力を振いはじめていたのが李輔国である。彼も宦官出身で、はじめは高力士に仕えていた。粛宗が玄宗と別れて霊武へ行った時、その一行に加わり、粛宗に即位をすすめるなど政治の面にも大きく進出した。また粛宗の寵妃張后とも親しくなり、結託して勢力の拡張をはかった。

還御のはじめ太上皇となった玄宗は、依然として長安の人士の人気を保っていた。唐の柳《りゆう》珵《てい》の『常侍言旨』によれば、玄宗が興慶宮の勤政楼に出御《しゆつぎよ》すると、楼下を行き交う市人が喜んで万歳を唱え、その声が天地を動かしたという。李輔国はこれを高力士、陳玄礼ら玄宗側近の意図的な大衆操作だと粛宗にうったえた。また詔といつわって興慶宮の馬三〇〇〇頭を一〇頭にへらすなどの圧迫も加えた。

ある時、また詔といつわり玄宗を興慶宮から大明宮へ向わせた。途中で突然行列をとり囲んで、興慶宮は土地が低いので、これから玄宗を太極宮にお移し申すと言ってきた。驚いた玄宗は馬から落ちそうになった。高力士は進み出て、道をさえぎる李輔国に向い「五〇年の太平の天子に何をするか」と大声で叱咤し、たづなを執って興慶宮に帰らせた。このことがあってから李輔国は一層高力士を憎み、ついに事を構えて彼を巫州《ふしゅう》（湖南省黔陽《けんよう》西南）に流した。「その前に一度粛宗に会いたい」と言う高力士の願いも李輔国によって空しく斥けられた。巫州に行き、薺《なずな》が多いのに土地の人々が食おうとしないのを見、高力士は感傷して一詩を詠んだ。

両京作芹売
五渓無人採
夷夏雖不同
気味終不改

両京《りょうきょう》芹《せり》を作り売るも
五渓《ごけい》人の採ることなし
夷夏《いか》同じからずといえども
気味《きみ》ついに改まらず

両京は長安と洛陽。都人は芹、薺の類をよく食べる。筆者も中国にいたころは道端の自由市場でよく買って煮て食べた。「五渓」とは巫州近くにある雄渓以下五つの谷。むかし漢の馬援が、このあたりにいた五渓蛮という種族を攻めたので知られるところ。「夷夏同じからず」というのは、このあたりの種族と夏すなわち中原《ちゅうげん》の漢民族とは風習が異なるということであり、「気味ついに改まらず」というのは、結局、食べものや好みもちがったままだという意味である。

その終末については『旧唐書』の伝には次のように記してある。

宝応元年三月、タマタマ赦サレテ帰ル。朗州ニ至リ流人ノ京国ノ事ヲ言ウニ遇《あ》イ、初メテ上皇ノ厭代《えんだい》ヲ知ル。力士北ノカタヲ望ミ号慟シ、血ヲ吐《は》キテ卒ス。

「厭代《えんだい》」とは天子の崩御をいう。高力士は赦されて流遇の地から都へ帰る途中、朗州というところで、長安からの流人に遇い、上皇がすでに亡くなっているのを聞き、慟哭して血を吐いて死んだとされる。時に年七九であった。時の皇帝代宗はこの先朝の長老に敬意を表し、揚州大都督の官を贈るとともに、玄宗への忠勤を多として泰陵に陪葬させている。

高力士は玄宗の全幅の信頼を受け、一貫して君側にあってその分身として活躍した。このため権力を掌握したけれども、つねに玄宗の意を体しその補佐役に徹し、きわだって権力を乱用することはなかった。これに対し、粛宗朝で権勢を誇った李輔国ははじめ手を結んでいた張后が後に彼を除こうと計ると、逆にこれを斬殺している。兵部尚書として兵権を握っていた上に、代宗の時代には代宗擁立の功を誇ってますます専横となり、たまりかねた代宗が送った刺客のために最期をとげている。以後の中国政治史の上では高力士型の宦官よりもこの李輔国型の宦官が猛威を振うことが多くなってくる。

『梅妃伝』をめぐって

玄宗の後宮では武恵妃が亡くなったあとは、玄宗の心にかなう女性がなく、その空白の時期に選ばれたのが楊貴妃だということになっている。したがって楊貴妃は天子の寵愛をもっぱらにする過程で、他の后妃を迫害したり、ライバルの宮女を蹴落したりするようなすさまじいことはしていないと考えられている。ただ唯一の例外は、玄宗には当時お気に入りの梅妃がおり、貴妃の台頭によって、梅妃が遠ざけられ、悲運に泣いて消えていったとするものである。しかしこの梅妃のことは、「新・旧唐書」に確たる記述がなく、その物語は主として唐の曹鄴《そうぎょう》の撰と伝えられる小説『梅妃伝』にもとづくものなので、実在の人であったかどうかを危ぶむ人もいる。

『梅妃伝』によれば、彼女は姓は江氏、いまの福建省の莆田《ほでん》の人である。家は代々医者であった。彼女は九歳で早くも『詩経』の二南の詩を誦することができた。開元年間、玄宗側近の高力士が南方に使者として派遣された時、彼女の容姿を見て都につれ帰り、玄宗のもとに侍らせることとした。玄宗は大いに彼女を寵愛した。そのありさまを『梅妃伝』は次のように記す。

明皇ニ侍シ、大イニ寵幸セラル。長安ノ大内・大明・興慶ノ三宮、東都ノ大内・上陽ノ両宮、ホトンド四万人、妃ヲ得テヨリ視ルコト塵土ノゴトシ。宮中モ亦タ、ミズカラオモエラク、及バズト。妃ハ善ク文ヲツヅリ、ミズカラ謝女ニ比ス。淡妝雅服《たんしょうがふく》ニシテ姿《し》態明秀《たいめいしゅう》、筆モ描クベカラズ。

「明皇」は玄宗のこと。長安の太極・大明・興慶の三殿と、東都すなわち洛陽の太極・上陽の両殿にいるあわせて四万の美人たちも足元にも及ばぬ美しさで、妃を得てからは玄宗は彼女を除く四万の宮女をすべて塵土のごとく見なし、宮女たちも彼女と美しさを争うことを最初からあきらめてしまったというのである。彼女は学才があり、みずから東晋の才女として知られた謝道韞《しゃどううん》に比していた。化粧もあっさりとして品がよく、その秀でた姿態は画筆も及ばぬほどであった。

彼女は楊貴妃と異なり、ほっそりとした美女であり、体型・性格ともに楊貴妃とは対照的に取り扱われている。ここに原田淑人《よしと》著『考古漫筆』（郁文社、昭和四五年刊）に「楊妃と梅妃」の一文があるので、紹介する。

長安城中牡丹の詩が都人によって伝唱されたが、その中でも李白の「国色朝に酒に酣《ひ》たり、天香夜衣を染む」の句が玄宗皇帝のお気に召した。玄宗はしばしこの句を口ずさんでいたが、やがて傍の楊妃を顧みて、笑をたたえながら「お前、一献傾けて鏡台の前に坐って御覧、この句そっくりだ」といった（松窗雑録）。けだし楊妃の艶な姿が真紅の牡丹に見立てられたのである。

ある日玄宗は百花院の別殿で漢成帝内伝を読んでいると、楊妃が遅れて入って来て、玄宗の衣の襟をそろえながら「何を御覧か」と尋ねると、玄宗は「面白いものを読んでいるところだ、成帝の寵姫趙飛燕は身が軽く風にも堪えがたいので、成帝は避風《ひふう》堂をつくり、その中で舞わしめたのだ」。さらに楊妃を顧みて「お前は大丈夫だ、少し風に吹かれるがよい」といわれた（楊太真外伝）。けだし楊妃の肥満な体軀をからかったのである。

次に梅妃であるが、梅妃本名を江妃といい、非常な才媛で、詩文を善くした。あまり化粧はしないが、生来の美しい姿は画にも写しがたかったという。彼女は梅花を好み、居室のまわりに梅数十株を植え、その季節には夜分まで詩会を催した。玄宗は彼女を梅精といい、その居室を梅亭と呼んだ（梅妃伝）。楚々たる梅妃の姿が偲ばれる。

楊妃・梅妃互に玄宗の寵愛を争った。ある日玄宗は楊妃の目を忍んで、こっそり梅妃をお召になっていたところへ、楊妃がやって来て大騒ぎになった。玄宗はそっと使者をつけて梅妃を居室へ送りとどけた。その道すがら梅妃は使者に「陛下は妾《わらわ》を棄てるお覚《ぼし》召《めし》か」というと、使者は「いいえ楊貴妃さまの御機嫌を損ずることを恐れておられるだけのことです」と答える。梅妃は「あの肥婢《ひひ》（でぶ）の御機嫌を損ずることを恐れるならば妾を棄てるのと同じでしょう」といった（梅妃伝）。梅妃は楊妃を罵って肥婢といった。楊妃の肥満な体軀の持主であったことがよく現われている。

楊妃も梅妃も安禄山の叛乱の犠牲となって、花顔空しく地に委した。玄宗は乱後馬嵬坡から楊妃の遺骸を長安に改葬し、その容姿を別殿の壁面に描かせ、朝夕に涙を流したという（新唐書后妃伝）。玄宗はまた都に還った後、梅妃の死生を確めるため使者を八方に遣わしたが、その甲斐がなかった。たまたま梅妃画真を献じたものがあったので、その像を石に刻し、詩を題して彼女を惜しんだ。その詩は「憶う昔嬌妃の紫宸に在りしとき、鉛華御せず天真を得たり、羅綃《らしょう》当時の態《かたち》に似たりといえども、いかんせん嬌波の人を顧まざるを」というのである（梅妃伝）。

この文章にはさらに後段の一節がある。そこでは唐代の陶俑《とうよう》（墳墓内に副葬された土偶）を用いて、楊貴妃を代表とする「豊満型」と梅妃を代表とする「清楚型」の美人像の比較考証がなされている。著者は文献資料と現物資料との両方面に通じた往年の東亜考古学の大家であり、その論究は著者の独壇場である。内容は滋味あふれる文章とともに十分に読みごたえがある。興味ある方はぜひ同書について御覧頂きたい。

『梅妃伝』の言うように、梅妃が玄宗との情愛を楊貴妃によって引き裂かれた犠牲者であったのかどうかは明らかでないが、次にかかげる白楽天の「上陽白髪人」（上陽《じょうよう》の白髪人《はくはつじん》）という新楽府《しんがふ》の詩は、楊貴妃の嫉妬によって当時の宮女に沢山の犠牲者が出ていたことを風刺した作品であるとされている。

長篇ではあるが詩意はわかりやすいので、その全篇をかかげておく。

上陽人　　　　上陽《じょうよう》の人《ひと》

紅顔暗老白髪新　　　　紅顔《こうがん》　暗《あん》に老いて白髪新《あらた》なり

緑衣監使守宮門
一閉上陽多少春
玄宗末歳初選入
入時十六今六十
同時采択百余人
零落年深残此身
憶昔呑悲別親族
扶入車中不教哭
皆云入内便承恩
臉似芙蓉胸似玉
未容君王得見面
已被楊妃遥側目
妬令潜配上陽宮
一生遂向空房宿
秋夜長
夜長無寐天不明
耿耿残燈背壁影

緑衣《りよくい》の監使《かんし》　宮門《きゆうもん》を守る
ひとたび上陽《じようよう》に閉《とざ》されてより多少《たしよう》の春
玄宗の末歳《ばつさい》はじめて選ばれて入《い》り
入《い》る時は十六　今は六十
同時に采択《さいたく》せらるるは百余人
零落《れいらく》し年深《としふか》くしてこの身を残す
憶《おも》う昔　悲しみを呑《の》んで親族に別《わか》るるや
扶《たす》けて車中に入れて哭《こく》せしめず
皆云《みない》う「内《うち》に入《い》らばすなわち恩を承《う》けん
臉《かお》は芙蓉《ふよう》に似て胸は玉に似たり」と
未《いま》だ君王の面《めん》を見るを得るを容《ゆる》されざるに
すでに楊妃に遥かに目を側《そばだ》てらる
妬《ねた》みてひそかに上　陽宮《じようようきゆう》に配《はい》せしめ
一生ついに空房《くうぼう》に向《むか》いて宿《しゆく》す
秋夜長《しゆうや》し
夜《よ》長《なが》くして寐《いぬ》るなく天明《てんあ》けず
耿耿《こうこう》たる残燈《ざんとう》　壁に背《そむ》くの影

蕭蕭暗雨打窗声
春日遅
日遅独坐天難暮
宮鶯百囀愁厭聞
梁燕双栖老休妬
鶯帰燕去長悄然
春往秋来不記年
唯向深宮望明月
東西四五百迴円
今日宮中年最老
大家遥賜尚書号
小頭鞋履窄衣裳
青黛点眉眉細長
外人不見見応笑
天宝末年時世粧
上陽人　苦最多
少亦苦　老亦苦

蕭蕭《しょうしょう》たる暗雨　窗《まど》を打つの声
春日《しゅんじつ》遅し
日《ひ》遅《おそ》くしてひとり坐《ざ》すれば天《てん》暮《く》れがたし
宮鶯《きゅうおう》百囀《ひゃくてん》するも愁《うれ》いて聞くを厭《いと》い
梁燕《りょうえん》双栖《そうせい》すれども老いて妬《ねた》むを休《や》む
鶯《おう》帰り燕《えん》去りて　長《とこしな》えに悄然《しょうぜん》たり
春往き秋来りて年を記せず
ただ深宮《しんきゅう》に向《む》かいて明月を望む
東西四五百迴　円《まど》かなり
今日　宮中にて年もっとも老い
大家《たいか》はるかに賜《たま》う尚書《しょうしょ》の号
小頭《しょうとう》の鞋履《あいり》　窄衣裳《さくいしょう》
青黛《せいたい》　眉に点《てん》じて眉細長《まゆさいちょう》
外人は見ず　見ばまさに笑うべし
天宝末年の時世粧《じせいしょう》
上陽《じょうよう》の人　苦しみもっとも多し
少《わか》くしてまた苦しみ　老いてもまた苦しむ

少苦老苦両如何　少苦《しようく》　老苦《ろうく》　両《ふた》つながら如何《いかん》せん
君不見昔時呂向美人賦　君見ずや昔時《せきじ》の呂向《りよこう》の美人賦《びじんふ》を
又不見今日上陽白髪歌　また見ずや今日《こんにち》の上陽の白髪の歌を

大意は次の通りである。

上陽宮の宮女よ
紅《くれない》の花のかんばせもいつしか老いて白髪がはえてきた。
緑の衣を着た監視の役人が宮の御門の番をしている。
この上陽宮にとじこめられてから長い年月がたった。
玄宗《げんそう》の御代の最後の年にはじめて選ばれて宮中にはいった。
その時は一六歳だったが今は六〇歳だ。
同時に選び出された者は百何人だったが
だんだん死んでいなくなり、いつしか自分ひとりだけ残った。
おもえば昔、悲しみをかくして親類に別れたとき
親類どもは私の手をひいて車の中に入れ哭《こく》することも許さなかった。
そして言うには「宮中にはいったらすぐ御寵愛を受ける。
顔は蓮《はす》の花そっくりだし胸は玉のようだから」と。

ところが天子さまのお顔を見るのも許されないうちに
はやくも楊貴妃に遠くからにらまれた。
嫉妬されてこっそりとこの上陽宮に送られて
一生涯とうとう男げのない部屋でくらすこととなった。
秋の夜の長いことよ
夜は長いのに眠られずしかも夜はなかなか明けない。
ちらちらとする明け方のともしびも壁に映り
しとしとと降る夜の雨の窓にあたる音のわびしさ。
春の日の長いことよ
日ながなのでひとりでいると空はなかなか暮れない。
宮中に住む鶯がよく鳴くが悲しいので聞くのもいやだし
梁《はり》に巣くう燕はつがいでいるけれどももはやねたむ気もしない。
春の鶯が帰り秋の燕が去るとていつもしょんぼりしていて
春がゆき秋が来ても何年かはおぼえもしなかった。
ただこの奥ぶかい御殿で明月だけは見てきたが
月の往来して満月になったのは四、五百回だったろう。
現在では宮中でいちばんの年よりで

天子からも尚書《しょうしょ》という称号をくださった。
さきのとがった靴に、ぴったり身についた衣裳
青いまゆずみで描いた眉は細く長い。
世間の人は見ないが見たらきっと笑うだろう。
これこそ天宝末年の流行の化粧なのである。
上陽宮の宮女は苦しみがいちばん多い。
若い時も苦しみ年とっても苦しむ。
少女の苦しみ老女の苦しみと両方ともああどうしたらよいだろう。
あなたは見なかったか、むかしの諫めの詩である呂向《りょこう》の美人賦《びじんふ》を
また見なかったか、今日のわたしの上陽宮白髪人の歌を。

いわゆる「新楽府」の一つで、八〇九年（元和四）に白楽天が左拾遺《さしゅうい》の官に在った時に作った五〇首のうちにある。諫官として聞く者を戒めるための作だという作者の記述がある。この詩には「怨曠《えんこう》を愍《あわ》れむなり」という序がついている。「怨曠」とは「独身者」の意である。さらに注があり、「天宝五年以後は楊貴妃が皇帝の寵愛をもっぱらにし、宮女の美しい者たちを別の所に押しこめた。上陽宮はその一つで徳宗の貞元年間にもなお存在していた」と記している。上陽宮は洛陽にあった宮殿である。

「後宮三千」といわれるくらいであるから、いつの時代にも宮女の悲劇はあった。紅顔にして宮中にのぼり、寵愛を受けることなく年老い「一生ついに空房に向いて宿す」という運命に泣く女性も少なくなかったはずである。ことに四万と誇称される宮女をかかえていたという玄宗の時代には、怨みを抱いて上陽宮中にうごめく多くの人々のいたことはたしかであろう。詩では「すでに楊妃に遥かに目を側《そばだ》てらる／妬みてひそかに上陽宮に配せしめ」とあり、それがすべて楊貴妃の策謀によるものであるかのごとく詠じられている。

しかしそれは事実であろうか。これはむしろ制度上の問題であって、主因を楊貴妃に帰するのは酷である。白楽天は社会派の詩人である。ここではむしろ楊貴妃の名を借りて、天子の責任と制度自体の問題とを告発しようとしたのではないかと考えられる。

画題となった玄宗・楊貴妃

玄宗も楊貴妃も数々の絵に描かれている。歴代のそれらの画題が、とりもなおさず当時の両人をとりまく宮廷生活の反映である。

玄宗は 諡《おくりな》 を「至道大聖大明孝皇帝」というので、「明皇《めいこう》」ともよばれる。画題にも「明皇」の文字を用いたものが少なくない。

玄宗桃下宴図（**玄宗桃下宴《とうかえん》ノ図**）

『開元天宝遺事』に「銷恨花」（恨ヲ銷《とか》ス花）と題し、玄宗が桃の花の盛りに樹下で貴妃と宴を開き、このようにしていると世の憂さをすべて消すことができる。物おもいを忘れさせてくれるのは萱草《かんぞう》（忘れ草）だけではないと言ったという話を載せている。この意をとったのがこの画である。

醒酒花図（**醒酒花《せいしゅか》ノ図**）

華清宮で玄宗と楊貴妃が酒に酔い、芍薬の一枝を折って花の香を嗅ぎ、酒の酔をさます図。同じく『開元天宝遺事』に「醒酒花」の記事があり、これに基づく。

明皇令鑿玉図（**明皇、玉《ぎょく》ヲ鑿《ほ》ラシムルノ図**）

『開元天宝遺事』の「玉有太平字」（玉ニ太平ノ字アリ）の記事に基づく。七一三年（開元元）に御殿の庭に大雨が降り、地が裂けた。夜になるとそこがピカピカ光ったので、玄宗が命じて掘らせてみると、玉の一片が現われ、そこには古篆字《こてんじ》で「天下太平」の四文字があった。大変めでたいというので内庫に納めたという話。

明皇蝶幸図（**明皇蝶幸《ちょうこう》ノ図**）

開元の末、春の日に宴を開くと、宮女たちの髪に花を挿させ、蝶を放ってその蝶が止まった宮女のところへ行くことにしていた。しかし後に楊貴妃が寵愛されるようになってからは、この遊びは止《や》んだ。『開元天宝遺事』「随蝶所幸」（蝶ハ幸スル所ニ随ウ）の記事。図はこれに基づく。

明皇闘鶏射鳥図（明皇闘鶏射鳥《とうけいしゃちょう》ノ図）

唐の陳鴻撰『東城老父伝』に次のような話がある。

玄宗は太子のころから、民間で清明節に行なう「闘鶏の遊」を見るのを楽しみにしていた。そこで位に即くと「治鶏坊」を両宮の間に置き、市中の雄鶏で金の毛・鉄の距《つめ》・高いとさか・立った尾を持ったものを多数買い求め、ここで養った。また近衛兵の少年五〇〇人を選んで調教に当らせた。上の好むところは下もこれにならい、諸王家をはじめ貴族たちも闘鶏にのめりこんで、ある者は財を傾けてまで高価な鶏を手に入れようとするほどだった。東城の老父も少年のころ、闘鶏をしているところを出遊中の玄宗に見出され、治鶏坊の少児となった者である云々。

玄宗は酉《とり》年だったので、闘鶏をとくに好んだのだと伝えられる。図はこれらの伝承に基づく。

なお、負けた鶏は弓で射た。

華清宮にも闘鶏殿があり、この遊びが行なわれた。興慶宮からここに行幸する日には、少年隊が何百羽という鶏を籠に入れてお供に従った。隊長にはとくに美しい少年が選ばれ、錦の袖に刺繡をほどこした絹の上着とズボンとをつけてその先頭に立った。

明皇看牡丹図（明皇、牡丹ヲ看《み》ルノ図）

『唐国史補』には「京城ノ貴游、牡丹ヲ尚《たっと》ブ。毎暮春ニハ、車馬狂エルゴトシ。種《う》エテ以テ利ヲ求ム。一本ニテ直《あたい》数万ナルモノアリ」とある。牡丹は隋の煬帝《ようだい》の時、はじめて中国に伝わったといい、唐代では木芍薬とよばれた。玄宗のころには宮中でも民間でも競ってこれを愛好して品数も多かった。洛陽の牡丹はとくに名高い。花径一八センチもの大輪の花もあった。後世まで「花中の王」「富貴の花」として貴ばれた花である。

玄宗が興慶宮の沈香亭の前で音楽を演奏させながら貴妃を擁して牡丹を見ていた時、「名花を賞し妃子と対《むか》いあっているのに、どうして楽曲に古い歌詞など用いられようか」と言い出し、にわかに李白を召し出して「清平調詞」三首を作らせたことは前に述べた。図はこの故事に基づく。

明皇打毬図（明皇打毬《だきゅう》ノ図《ず》）

玄宗が馬球（ポロ）を楽しんだことを図にしたもので、宋の晁説之《ちょうえつし》に同題の詩がある。「撃球闘鶏」という四字句があり、この競技は当時、闘鶏と並んで楽しまれた。

宮殿千門白昼開　宮殿の千門《せんもん》　白昼に開く
三郎沈酔打毬回　三郎《さぶろう》沈酔し　毬《きゆう》を打って回《かえ》る
九齢已老韓休死　九齢《きゆうれい》已《すで》に老い韓休《かんきゆう》死す
明日応無諫疏来　明日応《まさ》に諫疏《かんそ》の来たることなかるべし

「宮中ですべての門が開放され、多くの観客がいて馬球が行なわれた。玄宗（三郎は玄宗の幼名）は球技を終え、打上げの酒に深酔して御殿にお帰りになる。こんなことをしていても、張九齢は年老い、韓休も死んでしまったから、明日、諫言の上疏が届いたりする心配はない」というのが大意。宋代の人らしく道義の上で玄宗の遊楽を非難している。

詩中の韓休は玄宗朝の初期に宰相をつとめた。玄宗は御苑で遊楽して度を過したりすると、必ず侍臣に「韓休知レリヤ否ヤ」と問うた。果せるかな、間髪を入れず韓休からの諫言の上奏が送られてきた。そこで侍臣が「韓休さまが宰相になられてからお上《かみ》はお痩せになられました。なぜ宰相を追放されないのですか」とたずねると、玄宗は「我痩セタリトイエドモ、天下肥エタリ」と答えて韓休への信任ぶりを示したという。この話は『旧唐書』の伝にもある。

明皇上馬図（明皇上馬ノ図）

「明皇楊妃上馬図」という題もあり、宋の蘇軾《そしよく》作の詩がある。そのはじめに、

開元天宝号太平　　開元天宝太平を号す
快活三郎偏縦情　　快活の三郎偏《ひと》えに情を縦《ほしいまま》にす
帝閑天驥雲雷駃　　帝閑《ていかん》の天驥《てんき》は雲雷駃《らいし》
回首絶憐妃子酔　　首《こうべ》を回《めぐら》して絶だ憐《はなは》れむ　妃子の酔うを

とある。三郎は玄宗。帝閑の閑はうまや、帝王のうまや。遊宴の後に酔った貴妃を気づかいつつ馬を進めている様子。馬の名は「雷駃《らいし》」、他に「玉花驄」「照夜白」という名の馬も知られている。宋の韓駒《かんく》にも同じ題画詩がある。

明皇幸蜀図（明皇、蜀ニ幸スルノ図）

玄宗の一行が蜀に落ちのびるのを図にしたもの。古くは唐の宗室の一人で画家でもあった李思訓の画が名高い。宋の葉夢得《しようむとく》の『石林避暑録話』には、「方ノ広サ二尺ニ盈《み》タザレドモ、山川雲物、車輦人畜、草木禽鳥、一トシテ具《そな》エザルハナク、峰嶺重複、径路隠顕シ、渺然トシテ、数百里ノ勢アリ。想見シテ天下ノ名筆トナス」とある。二尺四方の小品であるが

力作だという意である。ただこれは「落ちのびて行く」画であることを嫌い、画中に宮女が道傍の瓜畑で瓜を摘んでいる部分があるのに因んで「摘瓜図《てきかのず》」と名付けている場合もある。『長恨歌絵巻』などでは峻険な蜀の桟道を行く一行の様子が印象的に描かれている。元《げん》の釈善住の「明皇幸蜀図」と題する詩には次のようにある。

鳥道横空翠色新　　鳥道《ちょうどう》空を横ぎりて翠色《すいしょく》新《あらた》なり
峡猿啼雨客沾巾　　峡猿《きょうえん》雨に啼《な》きて客巾《きゃくきん》を沾《うるお》す
豈知豔骨帰黄壌　　豈《あ》に知らんや艶骨　黄壌《こうじょう》に帰《き》するを
回首河山又属人　　首《こうべ》を回《めぐ》らせば河山《かざん》又た人に属《ぞく》す

一行が剣閣山に入ったあたりの様子。山峡に啼く猿の声を聞いて人々は涙にくれる。すでに馬嵬で楊貴妃は黄土の中に帰し、長安も賊のものとなってしまったという意。

次に楊貴妃についての絵を記してみたい。

楊妃春睡図（楊妃春睡《しゅんすい》ノ図）

「太真睡起図」「太真春睡図」と題することもある。元の応居仁、清の李調元などの作品がある。「長恨歌」に「春宵短きに苦しんで日高くして起き／此れより君王早朝せず」とあるのに基づく。元の呉景奎の「題太真睡起図」(太真睡起ノ図ニ題ス)には次のようにある。

興慶池辺花爛爛
清平調裏思飄飄
玉環睡起嬌無奈
背立東風酒半消

興慶池辺　花爛爛
清平調裏　思い飄飄
玉環睡起し　嬌として奈《いかん》ともするなし
東風に背き立ちて　酒半ば消ゆ

「興慶宮にある竜池のほとりには花が輝くように咲き誇っている。昨夜の宴で奏せられた清平調の楽も心ゆくばかりだった。寝につくのが遅かったので、玉環はいまやっと起き出したが、なよなよとして体に力が入っていない。せめて春風を背にして立ち、酔を醒まそうとしている」という意。

太真教鸚鵡図(太真、鸚鵡《おうむ》ニ教《おし》ユルノ図)

「楊妃調鸚鵡図」(楊妃鸚鵡ヲ調スルノ図)、「玉環調鸚鵡図」なども同題の図。開元年間に嶺南から白鸚鵡が献上され、これを宮中で飼っていた。すこぶる頭がよく、いち早く人の言葉を覚えた。玄宗も貴妃も「雪衣女《せついじょ》」と呼んでこれを可愛がっていた。人によく馴れ、放しても御殿から出てゆくことがなかった。詩人たちの作品を教えると、これもすぐにくりかえすことができた。玄宗が王たちと囲棋などをしている時、局面が不利になると貴妃が雪衣女を呼ぶのがつねであった。雪衣女は飛んで来て、たちまちその羽根で局面を攪乱し勝負をわからなくしてしまった。

雪衣女はある日、貴妃の鏡台の上にとまって言った。「昨夜夢の中で鷹につかまえられてしまいました。命ももはや尽きるのでしょう」。玄宗はこれを聞いて楊貴妃に、この鳥に「多心経を教えてやるように」と告げた。貴妃が熱心に教えると、すぐに暗誦してしまって、まるで災難をのがれたい一心ででもあるかのように日夜これを唱えていた。ところがある日、貴妃が玄宗とともに別殿に出て、雪衣女を歩輦《ほれん》の竿の上にとまらせておくと、殿下で調教を受けていた鷹の一羽が突然飛来して雪衣女を襲い、喰い殺してしまった。玄宗と楊貴妃はいたく悲しみ、雪衣女のために苑中に塚を立て「鸚鵡塚」と名づけた。

この話は『明皇雑録』と『楊太真外伝』にある。

画は楊貴妃が雪衣女に多心経を教えこんでいるところを題材としたもの。元の陳深などにこれに題した詩がある。

楊妃病歯図（楊妃歯ヲ病ムノ図）

元の宋無《そうぶ》に「玉環病歯図」と題する次の詩がある。

一点春寒入瓠犀
海棠花下独顰眉
内厨幾日無宣喚
不向君王索茘枝

一点の春寒　瓠犀《こさい》に入り
海棠花下　独り眉を顰《ひそ》む
内厨《ないちゅう》幾日《いくじつ》か宣喚《せんかん》なく
君王に向《むか》いて茘枝《れいし》を索《もと》めず

「瓠犀」は「ひさごのなかのたね」から転じて「美人の並びのよい白い歯」、「宣喚」は「天子からの命令」である。

詩意は「春の寒さがちょっと出て来たと思ったら、それが貴妃の歯に沁みた。彼女は海棠の花の下でうれわしげに眉をひそめて歯痛に堪えている。宮中の厨房は、もう何日も食事をまいらせよとのお達しがなく、貴妃も玄宗に向って茘枝がほしいと願い出ることもない」というもの。

「明眸皓歯《めいぼうこうし》」と言われた楊貴妃も、どうやら虫歯に悩んでいたらしい。結句に「君王に向いて茘枝を索めず」というから、茘枝を食したことが歯に悪かったのであろうか。

唐の周昉《しゅうぼう》の画に元の王惲《おううん》の題したものをはじめとして、同題の詩には元の呉澄、薩都剌《さつとら》、清の阮文藻などの作がある。筆者はかつて『婦人公論』一九九一年一一月号（中央公論社刊）に「歯を病む楊貴妃」という小文を載せたことがある。これは現在、日本エッセイスト・クラブ編／’92年版ベスト・エッセイ集『明治のベースボール』（文春文庫）に収められている。茘枝のほかにどんな虫歯の原因があったのか、興味ある方には読んでいただければ幸いである。

貴妃出浴図（貴妃出浴《しゅつよく》ノ図）

唐の画家で人物画を得意とした周昉にこの図の作品がある。言うまでもなく「長恨歌」の「春寒うして浴を賜う華清の池」という句に基づく。清の蔡復午などに同題の詩がある。

以上のほか玄宗、楊貴妃について画題は少なくない。例えば他に「明皇夜遊図」「明皇梧桐ヲ撃ツノ図」「明皇私語図」「明皇聴笛図」「貴妃夜遊図」「太真玩月図」「楊妃酔臥図」などがそれである。このほか、楊貴妃の三人の姉たちの行楽を描いた「虢国夫人遊春図（伝張《ちょう》萱《けん》筆）」も名作として知られている。

なお日本人の描いたものでは、江戸時代には駒井《こまい》源琦《げんき》、谷文晁、良尚親王らの「楊貴妃」があり、明治以後では中村岳陵の「貴妃賜浴」、吉村忠夫の「浴」、上村松園の「楊貴妃」、小林古径の「楊貴妃」などが世に知られている。

第八章　楊貴妃と文学

楊貴妃と中国文学

長恨歌伝

作者は唐の陳鴻《ちんこう》。貞元年間（七八五―八〇五）の人で白居易（楽天）と親交があった。みずから記すところによれば、八〇六年（元和元）一二月に白居易、王質夫らと長安西方の仙遊寺に至り、寺僧から楊貴妃についての話を聞いて感動し、王質夫がその物語を白居易にすすめて詩に作られたのが「長恨歌」であり、白居易に命じられてこの歌に伝を作ったのが陳鴻のこの作品だという。「長恨歌」とともに広く読まれたもの。

楊太真外伝

宋初の著作佐郎だった楽史の作品。楽史、字《あざな》は子正、のちに累進して太常博士となった。上下二巻に分かれている。『明皇雑録』「長恨歌伝」『安禄山事迹』『開元天宝遺事』を材料として出来上がっている。楊貴妃一生の物語。

唐明皇秋夜梧桐雨

雑劇の一つ。作者白仁甫は金の遺老で、元の仁宗の皇慶年間（一三一二―一三）に八七歳で世を去った。「長恨歌」の「秋雨梧桐葉落時」の句から題をつけている。ふつう「梧桐《ごとう》雨《う》」という。全体は「長恨歌」に基づき、おわりに蜀から還った玄宗が夢に貴妃と出会い、梧桐に降る雨の音に驚き目を覚ますところを描く。

長生殿

清代の戯曲。康熙年間（一六六二―一七二二）の国子監生洪昇《こうしょう》の作。孔尚任《こうしょうじん》の『桃花扇《とうかせん》』とともに清代戯曲の傑作とされている。洪昇は銭塘の人。字は昉思、号は稗村《ひそん》、一七〇四年（康熙四三）没、年五九。復旦《ふくたん》大学章培恒教授に『洪昇年譜』がある。

この作品は上下巻合せて五〇齣《せき》あり、一六七九年（康熙一八）に成り、宮中で演ぜられて流行した。「長恨歌」に基づきながら、多くの逸事・逸聞を網羅して作られている。

隋唐演義

明代の演義小説の一つに『隋唐志伝』があったのを、清の一六七五年（康熙一四）に長州

元曲「梧桐雨」挿図

の人、褚人獲が改訂して『隋唐演義』と命名した。原本は羅氏の創作で林氏が纂輯したとされている。

全一〇〇回で、隋主が陳の公主を伐つことから始まり、楊貴妃が馬嵬で殺され、玄宗がその魂を道士にさがさせたところ、貴妃が煬帝《ようだい》の愛妃朱貴児の化身だったとわかったという筋立て。

貴妃酔酒

一名「百花亭」。作者未詳。

玄宗はある日、百花亭で楊貴妃と酒宴を開く約束をしていた。そこでその日、貴妃は斐力士、高力士の二人に命じて用意をととのえたが、一向に玄宗の出御がなく、やがて玄宗が江妃の西宮におでましになっているのを知らされる。嫉妬に狂った楊貴妃が二人の力士を相手に自暴酒《やけざけ》をあおり、さまざまな酔態を演ずるという筋。もと作者不詳の昆曲「酔楊妃」を修訂したもので、京劇として梅蘭芳が演じて名高いものとなった。貴妃が盃を口にくわえて、折腰の舞を舞うところが圧巻とされる。

玄宗・楊貴妃をめぐる唐人の詩二首と宋人の詩一首を左にかかげておく。

貴妃酔酒（蘇州年画／著者所蔵）

古《こ》行宮《あんぐう》　元稹《げんしん》

寥落古行宮

寥落《りょうらく》たり　古行宮

宮花寂寞紅　　宮花　寂寞《せきばく》として紅なり
白頭宮女在　　白頭の宮女在り
閑坐説玄宗　　閑坐《かんざ》して玄宗を説く

元稹、字は微之。中唐の詩人。白居易と親交あり、元白と併称される。「寥落」は静かにして空しいこと。「寂寞」もさびしいこと。「古行宮」は華清宮を指《さ》す。かつてはなやかなりし華清宮は、すっかりさびれてしまった。宮殿の花も紅く咲いているけれども、門のうちはしずまりかえっている。白頭となってしまった昔の美しかった宮女たちは、所在なげに坐って開元・天宝の玄宗皇帝の盛世のことをくりかえし話をしてくれた。

梨園弟子《りえんていし》　　白居易
白頭垂涙話梨園　　白頭　涙を垂《た》れて梨園を話す
五十年前雨露恩　　五十年前　雨露《うろ》の恩
莫問華清今日事　　問うこと莫《な》かれ　華清《かせい》　今日の事
満山紅葉鎖宮門　　満山の紅葉　宮門を鎖《とざ》す

白居易の八二二年（長慶二）の作。玄宗治世の最後の年である天宝一四年は六〇年余前となる。梨園《りえん》の弟子《ていし》は玄宗の養成した宮廷内の楽人たち。

白髪となった往年の梨園の楽人は、涙ながらに往事を語り出した。五〇年前の玄宗皇帝の慈愛は雨か露のごとく深いものであった。現在のすっかり淋しくなった華清宮のことは聞いて下さるな。満山の紅葉の照り映える中で宮の門はとざされたままである。

楊妃

三郎掩面馬嵬坡

生死思深可奈何

瘞玉駅傍何足恨

潼関戦骨不埋多

真山民

三郎　面を掩《おお》う　馬嵬《ばかい》の坡《は》

生死　思深きも　奈何《いかん》すべき

玉を駅傍に瘞《うず》むとも　何ぞ恨むに足らん

潼関《どうかん》の戦骨　埋めざるもの多し

真山民は宋末の進士。宋の滅亡とともに行方不明となった。生没年不詳。

三郎は玄宗のこと。玄宗は面を掩うて馬嵬坡に楊貴妃の亡骸を埋めたが、何の恨むことがあろうか。あの潼関の敗戦で戦野に散った兵士たちの多くは埋められることもなく、野ざらしとなっているのだ。

楊貴妃と日本文学

『枕草子』に「書《ふみ》は文集《もんじゆう》。文選《もんぜん》」とある。「文集」はいうまでもなく白楽天の『白氏文集』である。これはそのうちに「長恨歌」を収めている。平安時代の貴族知識人たちはその愛読した『文集』の「長恨歌」を通じて、楊貴妃の物語に陶酔した。

『源氏物語』の「桐壺」の巻が、書き出しから「長恨歌」の「漢皇色を重んじて傾国を思う」を踏まえて筆をすすめていることは明らかである。

いづれの御時にか、女御・更衣あまた侍ひ給ひけるうちに、いとやんごとなき際にはあらぬが、勝れて時めき給ふありけり。

次の一節も帝の寵愛を受けている桐壺の更衣を楊貴妃になぞらえているところがある。

いよいよ飽かず哀れなるものに思ほして人の譏《そしり》をもえ憚らせ給はず、世の例《ためし》にもなりぬべき御もてなしなり。上達部《かんだちめ》・上人なども、あいなく目を側《そば》めつつ、いと眩《まばゆ》き人の御おぼえなり。唐土にも斯《か》かる事の起りにこそ世も乱れ悪しかりけれと、やうやう天の下にもあぢきなう、人の持て悩み種《ぐさ》になりて、楊貴妃の例《ためし》も引き出でつべうなりゆくに、……

以下、他の巻々の各所にも「長恨歌」との対応が見られることはすでに先人のくり返し言及しているところである。

他に『大鏡』や『更級日記』『和漢朗詠集』『浜松中納言物語』『俊頼無名抄』『今昔物語』などにも随所に「長恨歌」の影響、楊貴妃の物語との対応が見られる。

鎌倉時代に入ると軍記物の『保元物語』『平治物語』『平家物語』『源平盛衰記』をはじめ、『唐物語《からものがたり》』『十訓抄《じっきんしょう》』などにも「長恨歌」とかかわりのある記述が多い。

室町時代の歴史物語『太平記』にも「長恨歌」の世界とのかかわりがしばしば見られる。巻三五「北野通夜物語の事」の条には次のような記述がある。

唐の玄宗は兄弟二人おはしけり。兄の宮をば寧王と申し、御弟をば玄宗とぞ申しける。玄宗位に即《つか》せ給ひて、好色の御心深《ふか》かりければ、天下に勅を下して、容色華の如くなる美人を求め給ひしに、後宮三千人の顔色我も我もと金翠を飾りしか共《ども》、天子再《ふたたび》と御眸を廻《めぐら》されず。爰《ここ》に弘農の楊玄琰が女《むすめ》に楊貴妃といふ美人あり。養はれて深窓にあり、人未だ之を知らず。天の生《な》せる麗質なれば更に人間の類とは見えざりけり。或人是を媒《なかだち》して寧王の宮に進《まい》らせけるを、玄宗聞召して高力士といふ将軍を差遣し、道より是を奪取つて、後宮へぞかしづき入れ奉りける。寧王限《かぎり》なく本意なき事に思召しけれども、御弟ながら時の天子として振舞せ給ふことなれば、力及ばず。寧王も同じ内裏の内に御座ありければ、御遊などのある度毎に、玉の几帳の外《はずれ》金鶏障の隙《ひま》より、楊貴妃の容を御覧ずるに、一度笑める眸には、金谷《きんこく》千樹の花薫《におい》を恥ぢて、四方の嵐に誘はれ、仄に見たる容貌は、銀漢万里の月 妝《よそおい》を妬みて、五更の霧に沈みぬべし。雲居遥に鳴雷《いかずち》の中を裂けずば、何故か外《よそ》には人を水の泡の哀とはおもひ消ゆべきと、寧王思に堪へかねて、臥し沈み歎かせ給ひける御心の中こそ哀なれ。

玄宗の子の寿王の妃だったのを玄宗が召し出したことになっているのに、ここではこれを玄宗の兄寧王の妃であった楊貴妃を召し出したことにし、寧王の心境を「思に堪へかねて、臥し沈み歎かせ給ひける御心の中こそ哀なれ」と同情を寄せている。

また巻三七「畠山入道道誓《どうせい》謀叛の事」の条には、楊貴妃の出生について次のような粉飾を施している。

爰に弘農の楊玄琰が女に楊貴妃といふ美人あり。是は其母昼寝して楊《やなぎ》の陰にねたりけるに、枝より余る下露、婢子に落懸りて胎内に宿りしかば、更々人間の類にてはあるべからず。只天人の化《け》して此土に来るものなるべし。紅顔翠黛《すいたい》は元来天の生《な》せる質《かたち》なれば、何ぞ必ずしも瓊粉《けいふん》金膏の仮なる色を事とせん。漢の李夫人を写せし画工も是を画かば、遂に筆の及ばざる事を怪しみ、巫山の神女を賦せし宋玉も、是を讃せば、自ら言の方《まさ》に卑しからん事を恥ぢなん。

なお、『曾我物語』巻二・第六に「玄宗皇帝の事」の条があり、楊貴妃を熱田明神の化身にしていることはすでに説明したところである。

謡曲には「皇帝」と「楊貴妃」がある。

「皇帝」は子方＝楊貴妃、ワキ＝玄宗、シテ＝鍾馗《しようき》の霊で、場所は長安の宮殿。鍾馗伝説を扱っているが、題は「明王鏡」「玄宗」ともいう。

「楊貴妃」はワキ＝方士、シテ＝楊貴妃、場所は常世国の蓬萊宮。方士が蓬萊宮に楊貴妃をさがしにゆく物語。哀愁を帯びた内容で、その一節は次の通り。

ワキありし教へに随つて蓬萊宮に来て見れば、宮殿盤々《ばん〱》として更に辺際もなく、荘厳《しやうごん》巍々《ぎゝ》としてさながら七宝をちりばめたり。漢宮万里の粧ひ、長生驪山の有様も、これには更になぞらふべからず。あら美しの所やな。又教への如く宮中を見れば、太真殿と額の打たれたる宮あり。まづこの所に徘徊し、事の由をも窺はばやと存じ候。シテ昔は驪山の春の園に、ともに眺めし花の色、移れば変る習ひとて、今は蓬萊の秋の洞に、ひとり眺むる月影も、濡るゝ顔なる袂かな。あら恋しの古《いにしへ》やな。ワキ唐の天子の勅の使、方士これまで参りたり。玉妃は内にましますか。シテなに唐帝の使とは、何しにこゝに来れるぞと、九華の帳をおし除けて、玉の簾をかゝげつゝ。ワキ立ち出で給ふ御姿。シテ雲の鬢づら。ワキ花の顔ばせ。シテワキ寂寞たる御眼の内に、涙を浮かべさせ給へば。地上歌梨花一枝、雨を帯びたる粧ひの、雨を帯びたる粧ひの、太液の芙蓉の紅、未央の柳の緑もこれにはいかで優るべき。げにや六宮の粉黛の顔色《がんしよく》のなきも、理《ことわり》や顔色のなきも理や。ワキいかに申し上げ候。さても后宮世にましましゝ時だにも、朝政は怠り給ひぬ。況んやかくならせ給ひて後、たゞひたすらの御歎きに、今は御命も危く見えさせ給ひて候。然れば宣旨に任せこれまで尋ね参り、御姿を見奉る事、たゞこれ君の御志、浅からざりし故と思へば、いよ〳〵御痛はしうこそ候へ。シテげに〳〵汝が申す如く、今はかひなき身の露の、あるにもあらぬ魂のありかを、これまで尋ね給ふ事、御情には似たれども、訪ふにつらさのまさり草、かれ〴〵ならばなか〳〵の、便りの風は恨めしや。又今更の恋慕の涙、旧里を思ふ魂を消す。

江戸時代には仮名草子に『楊貴妃物語』がある。絵入り草子で、一六六三年（寛文三）の刊本である。また別に『長恨歌絵入抄』がある。和文で絵入りで「長恨歌」を解説したものである。筆者遇目の一書には物語の末に「右文章は逍遥院実隆公御作なりと云ひ伝ふる也」と記してある。逍遥院は室町末の公卿で学者であった三条西実隆である。この書には一六七七年（延宝五）の易亭主人跋という記年がある。

安藤《あんどう》野雁《ぬかり》には一八六四年（元治元）作の長恨歌の句題和歌がある。野雁は奥州岩代《いわしろ》の人で幕末の歌人・国学者。二首を挙げておく。

梨花一枝春帯ブレ雨ヲのこころを
忘られぬそのおもかげに似たるかな
しをれて匂ふ花のひとえだ

翡翠《ひすいノ》衾《ふすま》寒《ウシテ》　誰《ト》与《ともニカ》共《ともニセン》
たれと又た語りあはせむ二人ねて
　みしや昔のはるの夜のゆめ

次に古川柳で楊貴妃を扱ったものを挙げておく。

　双六《すごろく》のそばに茘枝のうづ高き
　美しい顔でれい枝をやたら食ひ

双六はインドから中国に伝わり、唐代に流行したものが日本へも入ってきた。ことに江戸時代には広く庶民の娯楽となり、正月には「双六売り」（日本では絵双六）が元旦から松の内まで町内を売り歩いた。食物をそばに置いて遊び興ずるのが女の子の楽しみだから、唐でも楊貴妃もそうしたろうが、何しろ茘枝好きの彼女のことだからそれを山ほど積んでおいたろう。またあの美しい顔であきれるほど食い散らしたのやらという意。

　禄山と書いて茘枝の送り物

貴妃に盛んにとり入ったといわれる安禄山だから、きっとこういうことをしただろうという見立て。「禄山と書いて」というところが面白い。ただし禄山の任地は北方の范陽で、茘枝は産しない。

お母《つか》さんなどと禄山貴妃に云ひ安禄山は楊貴妃の養子になりたいと言って許されたから、こういうセリフを吐いたかなというもの。

美しい顔で楊貴妃ぶたをくひ

肉食をきらった江戸の人々は、中華の人、楊貴妃が豚肉を食べているさまを想像してげんなりした。「あの声でとかげ食らふかほとゝぎす」（其角）と同じ趣向。

玄宗はおむく紂王《ちゅうおう》はきやんが好き

「おむく」は「おきゃん」の対語で、「初々しい生娘、なよなよとしたおぼこ娘」の意。「おきゃん」の「きゃん」は「俠」の字の唐音。若い娘が活発すぎて軽はずみなこと、「おてんば娘」の意。女郎にも「おぼこ型」をウリにしているのと、「おきゃん型」をウリにしているのがあった。客にもそれぞれ好みがあった。玄宗はどちらかというとおぼこ型の楊貴妃が好きで、殷（商）の紂王は乱暴なことを平気でする妲己《だっき》が好きだったと、両人の好みを対照して面白がっている。一般にこの川柳の「おむく」を「肥満型の女性」と解しているものが多いが、語意と「おきゃん」との対を考えても通りにくい。でぶでぶした女でおきゃんな手合いは少ないとは思うけれども。なお、「おむく」を「無口」「沈黙」と解している人もいるが、これも当らないのではないかと思う。

三ツ股と馬嵬和漢のおしい者

吉原京町三浦屋の遊女高尾は仙台藩主伊達綱宗に身請けされたが、島田重三郎という愛人がいるため意に従わず、隅田川の三叉《みつまた》（三ツ股）あたりの船中でつるし斬りにされた。「あいいやでありんすを聞き抜き放し」という川柳がある。俗説であるが、よく世に知られていた。日本では三ツ股で、唐では馬嵬で惜しい美女を殺してしまったというもの。「馬嵬ヶ原と三叉は惜しいこと」というヴァリアントがある。

むごい死にやう楊貴妃と高尾なり

これは前の句と同じ趣向。

たづねにくいは小督《こごう》と楊貴妃

小督は高倉天皇の寵妃であったが、平清盛の娘徳子が后になったので、清盛に迫害され嵯峨野の奥の柴の庵に隠れてしまった。天皇は近侍の仲国《なかくに》にその所在を探させるが、八月十五夜にたまたま嵯峨野に来た仲国が、月下に亮々と鳴りわたる琴の音を聞けば、それが「想夫《そうふ》恋《れん》」だったので、ハッと思いつき、みずからも笛を吹きつつ、その音に合せ進んで、やっとのことで小督を求めることができたという話。『平家物語』巻六「小督事《こごうのこと》」にある。楊貴妃の魂魄も玄宗が方士に訪ねさせたところ、「長恨歌」には「上は碧落《へきらく》を窮め下は黄泉／両処茫茫として皆な見えず」とあるように、さがしまわる場面がある。「楊貴妃を上《かみ》へきらくを先づたづね」とあるのはこのこと。どちらも訪ねあぐんだという見立て。

楊貴妃ももとかつがれた女なり

「かつぐ」とは婦女を誘拐する。相手の女も合意で親元を逃げ去ることをいう。「かつがれる宵にしばしばうらに出る」などの用例がある。楊貴妃も寿王のところから玄宗のもとへ横取りしてつれてこられたのだから、「もともとはかつがれた女」だということ。江戸の人もちゃんと知っていたのである。

楊貴妃はろくな一家はもたぬなり

ぜいたく三昧をした三夫人をはじめ、最後に天誅にあった楊国忠など碌な一家を持たなかった女だと同情している。やくざな親兄弟のため女郎に出された娘の身の上に置きかえている。

やまと言葉はおくびにも貴妃出さず
楊貴妃はもと神州のまはし者
大国の美人尾張へ跡を垂れ
玄宗は尾張詞《ことば》にたらされる
日本に構ひなさるなと貴妃はいひ
唐《から》の人魂を日本でめつけ出し

いずれも楊貴妃が熱田明神の化身だという伝承から生まれた川柳。「たらす」は「うまく言ってごまかすこと」。最後の句は、方士が熱田神宮の春敲門を訪ねて楊貴妃に逢いに来たことを指している。

明治以後の作家で楊貴妃について書いたものを世に送った人々は少なくはないが、ここでは三上於菟吉《みかみおときち》の「貴妃行状」(『大衆』四〇巻、平凡社、昭和二年刊)と、菊池寛の「玄宗の心持」(『中央公論』大正一一年九月号)とを紹介しておく。「貴妃行状」は楊貴妃と茘枝とについて筋が進められ、玄宗のもとでの楊貴妃の日常が描かれている。いまその書き出しの美しい一節を示しておく。

唐《から》の天宝五年正月のある朝、玄宗皇帝は華清宮の苑亭《えんてい》に朝餐の卓《たく》をしつらはせました。いつも日《ひ》たけて起きて後宮の錦帳裡《きんちやうり》に朝の供御《くぎよ》を呼ぶのが慣はしの皇帝が、今朝に限つて苑林泉卓《えんりんせんたく》を臨んだ亭に食卓を設けさせたには訳があります。

──この昧爽《まいさう》のこと、霜も凍るあけ方の寒さのうちに馬蹄をひゞかせて宮城に到着した四頭立の馬車がありました。それに乗つたのは上《かみ》に献《さゝ》ぐべき非時《ひじ》の珍果を齎《もたら》して遠い嶺南の地から千里を急行して来た馬烈《ばれつ》といふ官人で、この男は勅命を奉《ほう》じて季《き》外《はず》れの茘《れい》枝《し》を探しに去年の晩秋帝京を辞し、四月《つき》ぶりで──その四月を一日一時間の小休《こやす》みもせず北から南へ、南から北へと駅伝の馬車で往還して、先づは無事に君命を果して帰つて来た身《み》でした。

皇帝が此の哀れむべき司《つかさ》を数顆の果実のために、艱難な大旅行につかせたのは、彼自身の気まぐれからではなかつたのです。それといふのもたゞひとりの美しい女の瞬間の歓笑が買《か》ひたい慾求に燃えたのでした。

少《わか》いころ明王として聞えた玄宗の、すぐに老《お》いかぢかんだ胸に新しく春の血を漲《みなぎ》らせ、そして世の嗤《わら》ひと下々《しもじも》の悲しみの的《まと》にまでならせられてしまつたほど魅惑にみちてゐた彼《か》の楊貴妃も、やはり女性だから女性らしい罪のない嗜好を幾つも持つてゐました。度外れの果実ずき──別《べつ》して異常なまでの茘枝《れいし》ずきであつたことなどもそのひとつで、彼女が稀世の美《び》妃《ひ》であつたゞけにひとしほ面白く感じられます。

菊池寛の「玄宗の心持」は戯曲である。登場人物は次のようである。

玄宗皇帝──六十を出でたる老天子

楊貴妃——年三十七、美貌なり、されど日本の俳優が扮して大なる幻滅を感ぜしめるほどの美貌にはあらず。豊艶なる顔、然れども衰頽の色、漸く著《いちじる》し
楊国忠——右丞相、楊貴妃の兄
秦国夫人
韓国夫人 いづれも大国に封ぜられたる楊貴妃の姉妹
虢国夫人
高力士
陳玄齢
その他、重要ならざる多くの人物
時及び所——天宝十五年六月
　　長安を去る百余里、馬嵬と云へる寒駅
いわゆる馬嵬事変を扱っている。楊貴妃の死に直面した「玄宗の心持」の変化がそのテーマ。いま終局の場面をかかげておく。
楊貴妃　陛下、おさらばでございます。（宮女達に）みんな左様なら。陳玄齢！　大唐国の妃が、どんな美しい勇ましい死様《しによう》をするか、兵士達に見せておくれ。
（楊貴妃、陳玄齢、高力士に伴はれ退場する）

玄宗（その跡を見送りながら）お丶、誰か俺《わし》を支へてゐて呉れ、倒れさうだ。

（玄宗、侍臣達に支へられて、ぢつと面を伏せてゐる。烈しい苦悶に堪へてゐることが分る。兵士達の声、怒濤のやうに高くなり、しばらくあつて、急に「皇帝万歳！」の声が起る）

侍臣甲（走つて出て来る）楊貴妃様には、立派な御最期でございました。お亡骸を、一目お目に入れようかと、高力士殿が仰せになりました。

玄宗（苦悶が消え去つてゐる）見たいけれども、よさう。それが、彼女の志だらうから。どつかへ深く埋《うず》めてやつてくれ。

侍臣甲　はつはつ。（馳け去る）

（「皇帝万歳」の声が、潮のやうに盛になつて来る。玄宗ぢつとそれに耳を傾けてゐる。高力士が出て来る）

高力士（玄宗の前に蹲《うずく》まりながら）立派な御最期でございました。兵士達も、さすがに感じたと見え、みんな甲を脱いで、罪を謝して居ります。

玄宗（ほのじろい顔をして）さうか。

高力士　御心中のほど、申し上げる言葉もございません。

玄宗（黙つてゐる）……。

高力士　御悲嘆のほど、お察しいたします。

玄宗　（黙つてゐる）……。
高力士　お悲しみのほどお察しいたします。
玄宗　（青白い顔が漸く澄んで見える。静かな深い声で）うむ。むろん、悲しい。が、
　思つてゐたのとは少し違ふ。
高力士　はゝつ。
玄宗　彼女に死なれると、生きてゐる甲斐はないだらうと思つてゐたが、死なれて見るとさうばかりでもないな。悲しいことは悲しいが、十年来心の上に、かぶさつてゐた重みが、ひよつくりと、除《と》れたやうな気もする。何だか手足を、延ばしてみたいやうなノビ〳〵とした気もする。
（兵士達が、段々近づいて来て、その中の隊長らしいのが、十人ばかり入つて来る）
隊長達　皇帝陛下万歳！
玄宗　（淋しい微笑で彼等にうなづいてから、高力士に）万歳と祝はれるほどの心持でないが、お前が心配するほどの気持でもない。解脱、そんなあは〳〵しい気がしないでもない。おゝ車に乗らう。時が移る。高力士、お前もこの車に乗らないか！　急に一人だとやつぱり淋しい。
高力士　はつはつ。
（高力士車に乗る。車動き出す。「皇帝万歳」の声また一しきり聞える）　幕。

あとがき

旧師大野実之助先生が『楊貴妃』を出版されたのは一九六九年である。類書のなかった時代の先駆的な労作である。私がまだ早稲田の専任講師になったばかりのころである。あれから二十数年の歳月がまたたく間に過ぎてしまった。そのころ私は先生のこの本の宣伝を兼ねて出版元の春秋社のPR雑誌『春秋』に「楊貴妃の姿態について」という小文を載せた。楊貴妃がどういうタイプの美女であったのかを、京都泉涌寺《せんにゅうじ》の楊貴妃観音などを引き合いに出しながら考証したものである。

いまから数年前、全国漢文教育学会が「村山先生と行く中原の旅」を企画した。柄にもなく団長を引き受けて多くの人々と洛陽、西安へ向った。コースには馬嵬《ばかい》にある楊貴妃の墓も入っていた。出発に先立って故大野先生の家族の方から、遺著を楊貴妃の墓に手向《たむ》けてきてはくれまいかとの依頼があった。もちろん喜んでこれに応じさせていただいた。馬嵬は現在は陝西省興平市になっている。当時はすごい田舎で、唐黍《とうきび》畑のつづく道には青い人民服を着た農家の若者が荷物を入れた重いカゴを肩にかついで裸足《はだし》で歩いていたりしていた。

大野先生の本は題字、装画ともに畦地《あぜち》梅太郎《うめたろう》による箱入りの美本である。私はその時、はじめて楊貴妃の墓に詣で、先生没後にこの本を抱いて遠く馬嵬まで来たことに深い感慨を覚えた。

先述したように、一九九一年に『婦人公論』に「歯を病む楊貴妃」という随筆を書いた。古くから「楊妃歯ヲ病ムノ図」というめずらしい画題があるのに興味を惹かれたからである。この随筆は日本エッセイスト・クラブの「'92年版ベスト・エッセイ」の一つに選ばれた。中公新書の石川昂さんが「楊貴妃について書いてみませんか」というお話をもってきて下さったのは、そのころである。折角お話をいただきながら二年のあいだ何もしなかった。しかも昨年（一九九五）度は一年間中国にわたり、北京大学と上海の復旦《ふくたん》大学で在外研究に時間を費してしまった。ただ北京大学の勺園《しやくえん》の宿舎で若い留学生の森部豊君（現・関西大学文学部教授）と知り合い、その専門とする「唐代藩鎮」の最近の研究情報をわかり易く説明してもらったが、これがよい刺戟となった。また私が滞在中さんざん歩きまわった北京市周辺は、かつて安禄山が本拠を置いた范陽の故地である。市内の牛街《ニユージエ》の近くにある法源寺の境内には史思明の建てた「無垢浄光宝塔頌碑」があった。記年は至徳二年（七五七）で、最後に「御史大夫史思明奉為」の文字が刻まれている。この碑は粛宗《しゆくそう》のために造られたものである。当時、史思明はしばらく唐朝に帰順していた。

安史の乱は楊貴妃物語のハイライトである。「蕃漢一五万」と称される安禄山の大軍は、勢揃いをしてこの地から長安に向って怒濤の如く繰り出していった。私は往事の有様を絵巻物のように頭に思い描いて日を過した。

この四月に帰国して八月の夏休みを使って約束の原稿を一気に書き上げた。その気になるまで、我慢をして、やさしくじっと待っていて下さった石川さんに心から感謝している。

私は「字を書く職人」に徹しようと思っているので、ワープロになど見向きもしたことがない。安物のペンで一字一字原稿用紙に字を埋めてゆくだけである。しかもその字がどれも歪んでいる。活字に直して下さった方に、ずいぶん迷惑をかけたことと申訳なく思っている。

なお、本書の「目次」の後に収めた「楊貴妃画像」は先年の「三峡の旅」の折、四川省の重慶で買い求めた。四川が楊貴妃の故地であることを思ったからである。画賛は「回頭一笑百媚生　六宮粉黛無顔色」。いうまでもなく「長恨歌」の一節である。そのかたわらにあるのは「壬申年十月黛林学写」の文字である。

一九九六年晩秋　冬蔵書屋にて

村山吉廣

玄宗・楊貴妃略年表

元号	西暦	年齢 貴妃	年齢 玄宗	主要な事件
(高宗)貞観23	六四九			太宗没し、高宗即位す
永徽6	六五五			王后を廃し、武后を立てる
(中宗)弘道元	六八三			高宗没し、中宗即位す
(睿宗)垂拱元	六八五		1	玄宗（李隆基）生まる
(武后)天授元	六九〇		6	武后帝位につき、国号を周と改む
長安4	七〇四		20	武后、病に臥す

（中　宗）				
神竜元	七〇五		21	宰相張柬之、武后を退け、中宗復位す
（睿　宗）				
唐隆元・景雲元	七一〇		26	韋后、中宗を毒殺。太平公主・李隆基挙兵し、韋后・安楽公主を殺し、睿宗復位す
玄　宗				
太極元・先天元	七一二		28	玄宗即位
先天2・開元元	七一三		29	玄宗、太平公主を処刑
7	七一九	1	35	楊貴妃（玉環）生まる
11	七二三	5	39	宇文融「括戸政策」実施
23	七三五	17	51	楊玉環、寿王の妃となる
25	七三七	19	53	李林甫、張九齢を追放。武恵妃没す
28	七四〇	22	56	玄宗、温泉宮に楊太真（玉環）を召す
29	七四一	23	57	安禄山、営州刺史となる
天宝元	七四二	24	58	安禄山、平盧節度使となる

2	七四三	25	59	安禄山、入朝す
3	七四四	26	60	安禄山、范陽節度使となる
4	七四五	27	61	楊太真、貴妃に冊立される。韋昭訓の娘を寿王の妃とする
7	七四八	30	64	貴妃の三人の姉を韓国夫人・虢国夫人・秦国夫人に封ず
11	七五二	34	68	宰相李林甫没し、楊国忠、宰相となる
12	七五三	35	69	鑑真和上、渡日す
14	七五五	37	71	一一月、安禄山反す。一二月、洛陽陥落す
(粛　宗)				
天宝15・至徳元	七五六	38	72	正月、安禄山洛陽で即位し、大燕皇帝と称す。六月九日、潼関破らる。六月一三日、玄宗の蜀幸はじまる。六月一四日、楊貴妃馬嵬で死す。七月、粛宗、霊武で即位す。七月二八日、玄宗成都に到着
2	七五七		73	正月、安禄山、その子安慶緒に殺さる。郭子儀、回紇の援助で 九月、長安を奪還し、一〇月、洛陽を奪還す 一〇月二三日、粛宗、長安に還幸。玄宗この日に成都を出発、 一二月丙午の日、長安に帰着する
乾元2	七五九		75	九節度使、鄴城を囲む。史思明、范陽より南下し安慶緒を救出 史思明、救出した安慶緒を処刑して自立し応天皇帝と称す

乾元3・上元元	七六〇		76	七月、李輔国、玄宗を西内に移す。九月、史思明、洛陽攻略す。李輔国、高力士を巫州に流す
2	七六一		77	史思明、その子の朝義に殺さる。三月、史朝義、皇帝の位につく
(代宗)				
上元3・宝応元	七六二		78	四月、玄宗、粛宗相次いで没す。代宗即位す。一〇月、唐軍洛陽を再び奪還す。史朝義敗れて北方に逃走す
広徳元	七六三			正月、史朝義、河北の温泉柵で自尽し「安史の乱」終る

資料と文献

参考資料（主要なものだけを挙げておく）

『旧《く》唐書《とうじょ》』二〇〇巻。五代後晋《こうしん》、劉昫《りゅうく》ら撰。

　本紀《ほんぎ》第八・第九「玄宗」、本紀第一〇「粛宗」。

　列伝《れつでん》第一「后妃」上　玄宗廃后王氏・貞順皇后武氏・楊貴妃。

　列伝第二「后妃」下　元献皇后楊氏・粛宗張皇后。

　列伝第五四「高仙芝・封常清・哥舒翰」。

　列伝第五六「李林甫・楊国忠・陳玄礼」。

　その他列伝第五七「玄宗諸子」庶人瑛・寿王瑁ほか。列伝第六〇「李光弼」。列伝第七〇「郭子儀」。列伝第七八「顔真卿」。列伝第一三四「宦官」高力士・李輔国。列伝第一三七「忠義」「顔杲卿」。列伝第一五〇「安禄山・史思明」。

『新唐書《しんとうじょ》』二二五巻。宋、欧陽脩《おうようしゅう》ら撰。

　本紀第五「玄宗皇帝」ほか関連記事。

『資《し》治《じ》通《つ》鑑《がん》』二九四巻。宋、司馬光《しばこう》撰。

　唐紀一六―一九　高宗、二〇―二三　則天武后、二四―二五　中宗、二六　睿宗、二七―三三　玄宗、三四―三八　粛宗、三九―四二　代宗。

『唐鑑《とうがん》』二四巻。宋、范祖禹撰。

『長恨歌伝』一巻。唐、陳鴻《ちんこう》撰。

『安禄山事迹《じせき》』三巻。唐、姚汝能《ようじょのう》撰。
『唐国史補《とうこくしほ》』三巻。唐、李肇《りちょう》撰。
『明皇雑録《めいこうざつろく》』二巻。唐、鄭処誨《ていしょかい》撰。
『次柳氏旧聞《じりゅうしきゅうぶん》』一巻。唐、李徳裕《りとくゆう》撰。
『開天伝信記《かいてんでんしんき》』一巻。唐、鄭棨《ていけい》撰。
『高力士伝』一巻。唐、郭湜《かくしょく》撰。
『開元天宝遺事《かいげんてんぽういじ》』四巻。五代、王仁裕《おうじんゆう》撰。
『楊太真外伝』二巻。宋、楽史《がくし》撰。
『梅妃伝』一巻。宋、無名氏撰（唐、曹鄴撰とも）。
『馬嵬志』一巻。清、胡鳳丹《こほうたん》撰。

参考文献

『楊貴妃』大野実之助著。一九六九年九月、春秋社刊。
『楊貴妃』小尾郊一著。一九八七年一月、集英社刊。
『楊貴妃伝』井上靖著。一九六五年八月、中央公論社刊。現在、講談社文庫所収。
『楊貴妃後伝』渡辺龍策著。一九八〇年九月、秀英書房刊。
『安禄山と楊貴妃』藤善真澄著。一九八四年一〇月、清水書院刊。
『長恨歌と楊貴妃』近藤春雄著。一九九三年六月、明治書院刊。
『長恨歌研究』遠藤実夫著。一九三四年九月、建設社刊。
『大都長安』室永芳三著。一九八二年五月、教育社刊。

『続日本紀』三（新日本古典文学大系14）。一九九二年一一月、岩波書店刊。
『唐代長安与西域文明』向達著。一九五七年四月、北京・新華書店刊。
『唐玄宗伝』許道勛・趙克尭著。一九九三年一月、北京・人民出版社刊。
『楊貴妃伝説故事』何光前・呉裕禄・趙剣共編。一九八八年六月、陝西旅遊出版社刊。
『唐代長安宮廷史話』馬得志・馬洪路共著。一九九四年一〇月、新華出版社刊。
『元白詩箋証稿』陳寅恪著。一九五五年九月、文学古籍刊行社刊。

※補記
本書では、中国及び日本各地で著者が撮影した写真を掲げているが、観光化などのため撮影当時とは現状が様がわりしているものも多いことを、ご了承頂きたい。

学術文庫版あとがき

本書は一九九七年二月、「中公新書」に収められたものである。その後、何度か小さな楊貴妃ブームがあり、長らく絶版状態となり、古書店の棚でもほとんど見かけることがなくなってしまった。周辺からたびたび要望があったので、今度新たに学術文庫から刊行して頂けることになったのは何より幸いである。推進に当たってくださった、講談社学芸部の原田美和子氏の厚情に心より感謝している。

副題を「大唐帝国の栄華と滅亡」と記したように、単に楊貴妃の生涯や人物像を記そうとしたものではなく、その生きた盛唐時代の歴史・文化・社会を綿密に描こうと志したものであった。

大唐帝国とも称される唐の支配体制は、広く周辺諸国にも及び、都の長安は百万都市を誇り、来往するばかりでなく、定住する西域人のための居住区も造られていた。日本も繰り返し遣唐使を送り、唐の制度や文物を必死に摂取することに努めた。当時は季節風の知識もなく、遣唐使の船は渡航中に台風に遭えば海上で真っ二つに割れ、貴重な人材も財物も失っている。成功率六〇%という悲惨な交流であった。

しかし吉備真備《きびのまきび》、高向玄理《たかむこのくろまろ》、空海、最澄など、無事に帰国を果たしてその成果を最大限に発揮した人々もいた。あるいは阿倍仲麻呂のように彼の地に留まって皇帝の信頼を受け、高官に登った例もある。留学僧弁正《べんしょう》の如きは囲碁が上手であったため、まだ王子の時代だった玄宗の相手を務め優遇され、僧の身でありながら妻子を持ち彼の地で生涯を終えた人でもあった。なお弁正の「在唐懐日本」（唐に在りて日本を憶ふ）の五言絶句は、我が国最古の漢詩集『懐風藻』に収められていて名高い。

詩と言えば本文にも記したように、玄宗の時代は詩史の上でも李白、杜甫などの活躍した「盛唐」時代であったが、玄宗が蜀から還幸した後は、文運も衰え、唐は政治上でも二度と「開元の治」のような盛世を迎えることができず、一路長期低落傾向を辿って滅亡してゆくことになる。安禄山の乱の平定に助けを借りた回紇《かいこつ》（ウイグル）、吐蕃《とばん》（チベット）に見くびられ、回紇には河北に進出され、吐蕃には都長安にまで攻めこまれるみじめな国情となってしまった。

本書はそうした点からも、一世の美女楊貴妃の物語から、さらに壮大な歴史ドラマにつながっていくものである。表紙絵には上村松園《しょうえん》の「楊貴妃」を選んだが、この絵を見るために松伯《しょうはく》美術館を訪れたのは、一〇年も前のことであっただろうか。絵は絹本二曲一隻、思いもかけぬ大きな作品であった。松園は随筆『青眉抄《せいびしょう》』の中で、「美人画を描く上でも、いちばんむつかしいのはこの眉であろう。（中略）わずか筆の毛一本の線の多い少ないで、その顔全体に影響をあたえることはしばしば経験するところである」と綴っている。この作品でも、賜浴後のしっとりとした風情がよく表され、侍女が中国風障子の陰にひっそり隠れているのも妙味がある。美術館は、近鉄奈良線の学園前駅から北に約二キロメートル。緑の木立に囲まれて建っていた。読者も、機会があればぜひ訪れてみて欲しい。

なお、旧著には気になっていた誤植や、事実関係のあいまいなところが少なからず残っていたが、この学術文庫では校閲部の絶大な尽力で、それらを一気に解決することができたと信じている。校閲担当諸氏に、厚く御礼申し上げたい。

村山吉廣

平成三一年三月　冬蔵書屋南窓下

本書の原本は、一九九七年、中公新書より
『楊貴妃　大唐帝国の栄華と暗転』の書名
で刊行されました。

村山吉廣（むらやま　よしひろ）

1929年埼玉県生まれ。早稲田大学文学部卒，大学院修了。文学部教授を経て，早稲田大学名誉教授。中国古典学（とくに詩経学），江戸明治漢学専攻。現在，日本詩経学会会長，日本中国学会顧問。『中国の知嚢』上・下（中公文庫），『論語のことば』（明徳出版社），『詩経の鑑賞』『書を学ぶ人のための漢詩漢文入門』（二玄社），『藩校―人を育てる伝統と風土』（明治書院），『漢学者はいかに生きたか』（大修館書店）など著書多数。

講談社学術文庫

定価はカバーに表示してあります。

楊貴妃《ようきひ》

大唐帝国《だいとうていこく》の栄華《えいが》と滅亡《めつぼう》

村山吉廣《むらやまよしひろ》

2019年５月10日　第１刷発行

発行者　渡瀬昌彦
発行所　株式会社講談社
東京都文京区音羽 2-12-21 〒112-8001
電話　編集（03）5395-3512
販売（03）5395-4415
業務（03）5395-3615
装　幀　蟹江征治
印　刷　株式会社廣済堂
製　本　株式会社国宝社
本文データ制作　講談社デジタル製作

ISBN978-4-06-516106-7

「講談社学術文庫」の刊行に当たって

　これは、学術をポケットに入れることをモットーとして生まれた文庫である。学術は少年の心を養い、成年の心を満たす。その学術がポケットにはいる形で、万人のものになることは、生涯教育をうたう現代の理想である。

　こうした考え方は、学術を巨大な城のように見る世間の常識に反するかもしれない。また、一部の人たちからは、学術の権威をおとすものと非難されるかもしれない。しかし、それはいずれも学術の新しい在り方を解しないものといわざるをえない。

　学術は、まず魔術への挑戦から始まった。やがて、いわゆる常識をつぎつぎに改めていった。学術の権威は、幾百年、幾千年にわたる、苦しい戦いの成果である。こうしてきずきあげられた城が、一見して近づきがたいものにうつるのは、そのためである。しかし、学術の権威を、その形の上だけで判断してはならない。その生成のあとをかえりみれば、その根は常に人々の生活の中にあった。学術が大きな力たりうるのはそのためであって、生活をはなれた学術は、どこにもない。

　開かれた社会といわれる現代にとって、これはまったく自明である。生活と学術との間に、もし距離があるとすれば、何をおいてもこれを埋めねばならない。もしこの距離が形の上の迷信からきているとすれば、その迷信をうち破らねばならぬ。

　学術文庫は、内外の迷信を打破し、学術のために新しい天地をひらく意図をもって生まれた。文庫という小さい形と、学術という壮大な城とが、完全に両立するためには、なおいくらかの時を必要とするであろう。しかし、学術をポケットにした社会が、人間の生活にとってより豊かな社会であることは、たしかである。そうした社会の実現のために、文庫の世界に新しいジャンルを加えることができれば幸いである。

一九七六年六月

野間省一